Schirner Verlag

Susanne Hühn | Heike Hild

Selfcare

Liebe dein inneres Licht

40 Karten für mehr Selbstfürsorge

Begleitbuch zu den 40 Karten

Schirner Verlag

Wir verzichten auf das Einschweißen unserer Kartensets – **UNSERER UMWELT ZULIEBE!**

ISBN 978-3-8434-9206-5

Susanne Hühn & Heike Hild
Selfcare – Liebe dein inneres Licht
40 Karten für mehr Selbstfürsorge

1. Auflage Februar 2023

Box, Karten & Begleitbuch: Anna Katharina Berg, Schirner, unter Verwendung von Bildern von Heike Hild sowie # 16313491 (© Tund) und # 1575424990 (© Somyk Volodymyr), www.shutterstock.com
Illustrationen: Heike Hild, www.heike-hild.de
Lektorat: Claudia Simon, Schirner
Printed & bound by: Ren Medien GmbH, Germany

www.schirner.com

Inhalt

Liebe DEIN INNERES Licht

Einleitung

Wie oft würden wir gern noch besser als bisher für uns sorgen, doch weil wir so sehr in unseren Alltag eingespannt sind, wissen wir nicht, was wir uns selbst Gutes tun könnten. Wir vergessen es tatsächlich, weil die Impulse für unsere Selbstfürsorge aus anderen Gehirnteilen kommen als jene, die wir brauchen, wenn wir unter Druck stehen. Sind wir gestresst, werden unsere erlernten emotionalen Überlebensmechanismen aktiv und wir kommen auf einmal gar nicht mehr auf die Idee, dass es uns helfen könnte, achtsam mit uns umzugehen. Wir greifen wider besseres Wissen nach der Schokolade, dem Wein oder der Zigarette, weil uns nichts anderes einfällt. Dabei ist uns doch bewusst:

Selbstfürsorge ist gelebte Selbstliebe.

Gerade dann, wenn wir einmal nicht mit uns selbst im Einklang sind, weil wir zu viel im Außen zu tun haben oder weil uns Sorgen plagen, ist es wichtig, uns selbst zu zeigen, dass wir an unserer Seite sind und uns gut um uns selbst kümmern.

Tun wir das nicht, eben weil wir im Stress sind, dann kann es passieren, dass wir uns in Bezug auf unsere Selbstfürsorge in eine Abwärtsspirale begeben. Das kennen wir: Wir sind überfordert und vergessen vor lauter Arbeit, Zeitdruck und Sorgen, uns selbst Gutes zu tun. Dadurch verlieren wir erst recht den Bezug zu uns und achten noch weniger auf unsere innere Balance.

Ein Bild kann helfen, zu verstehen, was in uns geschieht: Stelle dir vor, du holst ein Pferd aus seinem sicheren Stall, wo es mit seiner Herde untergebracht ist, um mit ihm spazieren zu gehen. Ein Pferd ist ein Tier, das du nicht halten kannst, wenn es ernsthaft von dir fortstrebt. Das tut es üblicherweise nicht, wenn es dir vertraut und du eine bewusste Beziehung zu ihm aufgebaut hast, die du pflegst. Du bist beim Spazierengehen aufmerksam, wie es dem Pferd als Fluchttier geht, und sorgst dafür, dass es sich an deiner Seite sicher fühlt. Du nimmst das Pferd wahr und achtest auf Anzeichen von Stress, damit du es gegebenenfalls sofort beruhigen kannst. Du bleibst bewusst mit ihm verbunden, weil es diese Verbundenheit ist, die einem Herdentier Sicherheit gibt. Das stärkt eure Beziehung und erlaubt dir, sicher und entspannt mit deinem Pferd durch die Natur zu streifen. Vergisst du das, weil du in Gedanken woanders bist, dann passiert zu Beginn noch nicht viel. Das Pferd nimmt ein wenig Abstand von dir, es läuft schneller, auf einmal ist es neben dir statt mit dem Kopf auf Schulterhöhe. Das ist immer noch nicht schlimm, es ist ja noch da. Doch wenn du dich weiterhin nicht um das Pferd kümmerst und ihm keine Sicherheit vermittelst, dann hebt es den Kopf immer höher und geht zunächst innerlich eigene Wege. Es sucht seine Sicherheit unabhängig von dir. An Ende zieht es einmal heftig an den Zügeln und galoppiert nach Hause in den Stall und zu seiner Herde. Dass es sich dabei erst recht in Gefahr bringt, weiß es nicht. Der Fluchtreflex ist unerbittlich.

Übertragen auf unsere Psyche bedeutet das: Wenn wir uns selbst, besonders in stressigen Situationen, keine Sicherheit vermitteln, wenn wir die Beziehung zu uns selbst vernachlässigen, dann gehen unsere inneren Pferde mit uns durch. Ein innerer Anteil labt sich an der schon erwähnten Schokolade, ein anderer will flüchten und kündigt innerlich, ein dritter klammert sich an Menschen, die ihm womöglich nicht einmal guttun, und erhofft sich Geborgenheit. Wir kaufen Dinge, die wir nicht brauchen, lenken uns vom Stress ab und merken nicht einmal, dass wir den Bezug zu uns selbst immer mehr verlieren.
Deshalb diese Karten. Sie helfen dir, dich daran zu erinnern, dass du dich um dich selbst kümmern darfst und auch solltest, damit du den Bezug zu deinem Inneren nicht verlierst.

Die Bedürfnisse deiner inneren Anteile

Was ist eigentlich dieses Innere, mit dem du in Beziehung kommen sollst, damit du dich selbst spürst? Wenn du dich bewusst um dich kümmerst, dann zeigst du dir, dass du dich wertschätzt und eine liebevolle Beziehung mit dir führen willst. Du hast jedoch, wie bereits erwähnt, verschiedene innere Anteile, die alle etwas anderes brauchen, um sich gut und geliebt zu fühlen. Doch wer genau führt in dir mit wem eine Beziehung, wer liebt wen, was bedeutet Selfcare bzw. Selbstfürsorge eigentlich? Wen beglückst du denn mit deiner Fürsorge? Schauen wir uns diese Anteile genauer an, damit du sie unterscheiden kannst. Denn auch, wenn du dich mit ihnen nicht auskennst, so leben sie doch in dir.

Da ist zum einen das Innere Kind, das in deiner emotionalen inneren Welt lebt. Es ist dein fühlendes Prinzip. Im Gehirn findest du es im sogenannten limbischen System, dem Emotionalhirn.
Dieser innere Anteil braucht Geborgenheit und Sicherheit, um sich wohl- und geliebt zu fühlen. Es kommt nicht damit zurecht, wenn es von anderen Menschen

verletzt wird. Es sucht nach Liebe, und es strengt sich an, um diese Liebe im Außen zu bekommen, wenn du nicht dafür sorgst, deine eigene emotionale Komfortzone zu sein. Selbstfürsorge in Bezug auf deine Gefühle bedeutet: Du erlaubst dir, zu fühlen, was du fühlst, und bleibst dabei innerlich mitfühlend und liebevoll mit dir verbunden. Du glaubst dem, was du fühlst, und redest dir deine Gefühle nicht aus oder tust sie mit einem »Stelle dich nicht so an« ab.

Zum anderen gibt es die Innere Frau, die im Körper lebt und sich durch dein Bauchgefühl ausdrückt. Sie ist dein nährendes und stabilisierendes Prinzip.
Diesem Anteil schenkst du deine Fürsorge durch eine gesunde, naturbelassene Ernährung, um mit der Lebenskraft in Kontakt zu sein. Dein Körper selbst braucht eine für dich stimmige Balance zwischen Bewegung und Ruhe. Die Innere Frau schöpft ihre Kraft aus der Natur und in der Stille. Du praktizierst Selbstfürsorge, indem du auf ihre Signale, also auf dein Bauchgefühl, und auf deine körperlichen Bedürfnisse hörst. Dein Körper benötigt Energie in Form von Zärtlichkeit und Streicheleinheiten, um sich wohlzufühlen. Er braucht Entspannung und die Möglichkeit, angestaute Gefühle auch körperlich loszuwerden, durch Weinen, Lachen, Schreien und durch Lächeln.

Des Weiteren gibt es den Inneren Erwachsenen, der sehr bewusst und auf die beste Weise vernünftig für dich denkt, analysiert, plant und versteht. Im Gehirn befindet er sich im vorderen Bereich, dem präfrontalen Cortex. Er ist dein geistiges Prinzip.
Auch die Welt der Gedankenkräfte braucht deine Fürsorge. Wenn du den ganzen Tag negativ denkst, nutzt dir zum Beispiel auch die gesündeste Nahrung nicht viel, obwohl sie deinem Körper guttut. Du fühlst dich dennoch nicht wohl. Selbstfürsorge in Bezug auf deinen Geist bedeutet, dass du bewusst entscheidest, welche Gedanken du denken willst und welche nicht, welche Informationen du in dich aufnimmst und welche du außen vor lässt. Bewusste Affirmationen und zu dir passende Powersätze helfen dir, deine Gedankenwelt mit positiver Kraft zu versorgen.

Dann wäre da noch der Innere Mann, der für deine Tatkraft steht, also das, was du im Außen tust. Er ist dein handelndes Prinzip.
Dieser Anteil fühlt sich wohl, wenn du das sein lässt, was dir schadet, und das tust, was dich nährt und dich deinen Zielen näherbringt. Du spürst, dass du dich selbst liebst und gut mit dir umgehst, indem du entsprechend handelst und durch deine Taten das verwirklichst, was du dir selbst versprochen hast. Es klingt

so einfach: Tun, was dir guttut, und lassen, was dir schadet. Doch oft handelt der Innere Mann im Dienst am bedürftigen Inneren Kind. Er versucht, im Außen das zu erreichen, was dir in deiner Gefühlswelt fehlt, und opfert sich dabei meist für andere auf. Selbstfürsorge in Bezug auf ihn heißt, bewusst darauf zu achten, dass du deine eigene Wahrheit durch deine Handlungen sichtbar in die Welt bringst.

Der fünfte Bereich, der deine Selbstfürsorge braucht, ist dein Seelenleben. Das bedeutet, zu meditieren, der Seele zu lauschen, ihr zu glauben, zu lernen, ihre Botschaften zu verstehen, und dir die Zeit zu nehmen, in bewussten Kontakt mit deiner Seele zu kommen. Glaubst du nicht an so etwas wie eine Seele, dann kannst du dir dennoch vorstellen, wie wichtig es ist, deiner Innenwelt, deiner inneren Wahrheit, ja, sogar deiner inneren Führung in deinem Leben Raum zu geben. Es gibt in dir eine Instanz, der du vertrauen kannst und darfst, weil sie genau weiß, was für dich wirklich gut ist. Es ist ein sehr tiefes inneres Wissen, das sich zum Beispiel durch dein Bauchgefühl, einen besonders klaren Gedanken oder eine plötzliche Erkenntnis ausdrücken kann. Selbstfürsorge bedeutet hier, diesem inneren Wissen Gehör zu schenken und dein Leben danach auszurichten.

Die Karten geben dir für jeden dieser Lebensbereiche hilfreiche Botschaften, wobei viele Karten verschiedene Lebensbereiche gleichzeitig ansprechen. Welche das sind, kannst du bestimmt erkennen, doch letztlich ist es nicht wichtig. Dein Inneres weiß intuitiv, was ihm gerade guttut.

Über die Bilder und Botschaften

Die Kartenbilder zeigen lichtvolle Kräfte, die uns helfen, uns an unser eigenes inneres Licht zu erinnern. Heike Hild, die Künstlerin, sagt:
»Die Lichtwesen meiner Bilder sind eine Kombination aus Engeln, lichtvollen Ahnenkräften, Blütenwesen und vielen anderen unterstützenden Wesenheiten. Wenn ich male, zeigen sich genau die Kräfte, die durch das Bild sichtbar werden wollen. Manchmal ist es nur eine Kraft, manchmal wechseln die Energien mit jeder Farbschicht, die ich auftrage. Bei vielen Bildern geben mir Blütenformen Inspiration. Ich mische zusätzlich Aura-Soma-Öle in die Farben, wenn ich spüre, dass diese speziellen Kräfte mit in das Bild hineingegeben werden wollen. Jedes Bild hat eine bestimmte Schwingung und will helfen, die Liebe der Geistigen Welt auf der Erde zu verbreiten.«

Ich, Susanne, spüre Heikes Bilder, die ich sehr liebe und die auch bei mir zu Hause und in meinem Seminarraum hängen, so:
Die Wesen des Lichts zeigen sich und rufen uns unsere eigene lichtvolle Präsenz ins Gedächtnis. Sie erinnern

uns an unsere Magie, unsere Schöpferkraft, unsere Lebendigkeit, unsere Liebe und Freude und helfen uns, diese zu leben, zu entfalten und zur Vollendung zu bringen. Wenn wir die Lichtwesen befragen, können sie uns konkrete Impulse geben, die uns unterstützen, liebevoller und achtsamer mit uns selbst umzugehen.

Meine Aufgabe ist es, Texte zu schreiben, die dir helfen, das, was die Lichtwesen dir mitteilen wollen, zu verstehen und in eine konkrete Handlung umzusetzen. Denn, wie ich schon am Anfang sagte, natürlich willst du dich um dich kümmern. Doch in den Anforderungen des Alltags geht dir manchmal der Fokus verloren, und du weißt am Ende des Tages nicht einmal mehr, was dir guttun könnte. Die Karten sollen dir helfen, dich an das zu erinnern, was du heute brauchen könntest, wenn du es durch das ganze Funktionieren-Müssen vergessen hast.
Die Erfahrung zeigt, dass Männer und Frauen zum Teil unterschiedliche Selbstfürsorgeimpulse brauchen. Die Botschaften sind bewusst geschlechtsneutral formuliert, und doch kann es passieren, dass dich der eine oder andere Impuls nicht anspricht. Lege die Karte in diesem Fall einfach zur Seite, und ziehe eine andere, oder wandle die Botschaft so um, dass sie dir besser gefällt. Auch das ist übrigens ein Akt der Selbstfürsorge.

Die Anwendung der Karten

Wir halten die Anwendungsmöglichkeiten bewusst einfach, denn hättest du Zeit und Muße, komplexe Systeme zu legen, bräuchtest du die Karten wahrscheinlich gar nicht. Natürlich kannst du kreativ sein und die Karten so einsetzen, wie es dir gefällt. Nutze sie so, wie es für dich passt.

- Mische die Karten, und ziehe intuitiv eine als Tagesbotschaft. Nimm den Impuls ernst, und setze ihn in eine Tat um. Lasse die dazugehörigen Coachingfragen, die in diesem Begleitbuch stehen, zunächst in dir wirken, habe sie lieb, wie Rilke in seinen Briefen an einen jungen Dichter sagt. Die Antworten kommen, sobald sie sich in deinem Gehirn entwickelt haben, wenn sich also aus allen möglichen Gehirnbereichen Impulse und Informationen zusammengefunden haben, die dir eine echte, wahrhaftige Antwort geben. Sei nicht zu schnell mit der Beantwortung, außer, du spürst, die Impulse kommen blitzartig und beleben dich. Die wahren Antworten sind immer sehr stimmig und geben dir ein Gefühl von Erfüllung und

Echtheit. Kommen sie schnell, dann haben sie vielleicht schon lange auf die richtigen Fragen gewartet.

- Kombiniere die Karten gern mit anderen Kartensets und Legemethoden: Nutze sie als Klärungskarten oder als Unterstützung, wenn du ein Thema genauer beleuchten willst. Hier helfen dir insbesondere die Coachingfragen.
- Wenn du Coach bist, nutze die Karten für deine Klienten, denn die Impulse und Coachingfragen kannst du auch für deine Arbeit mit anderen anwenden.
- Wenn du dich gestresst fühlst oder Kraft brauchst, dann ziehe eine Karte, und lasse nur das Bild auf dich wirken. Lasse sie offen liegen, und betrachte sie öfter am Tag, damit dich die Kraft des Lichtwesens erreicht.

Wir freuen uns von Herzen, dass du diese Karten für dich nutzt, und feiern dich, weil du die Beziehung zu dir selbst bewusst stärken und verbessern willst!

Die Karten

1

Mache es dir gemütlich, und sorge für deine Nestwärme.

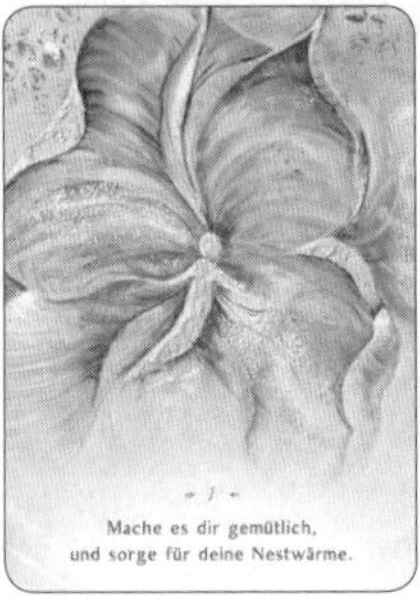

Stelle dir vor, es gäbe einen Ort, an dem du ganz du selbst sein könntest. Wie wäre es, wenn du dir die Mühe machen würdest, dir diesen Ort zu erschaffen? Auch wenn es nur ein Sessel am Fenster wäre, in den du dich zurückziehen könntest – dir selbst eine sichere und gemütliche Wohlfühloase in deinem Zuhause zu bereiten, ist gelebte Selbstliebe. Hast du außerdem einen inneren Rückzugsort, an dem du dich sicher und geborgen fühlst? Falls ja, nutzt du ihn auch? Wenn nicht, erlaube dir, in deinem Inneren einen solchen Ort zu erschaffen, indem du ihn dir einfach vorstellst. Das kann eine Liege am Sandstrand, ein gemütlicher Platz am Kaminfeuer oder auch ein wunderschönes Zimmer sein. Immer, wenn du deine Ruhe haben willst, wenn du Zeit für dich brauchst oder wenn du dir Sicherheit und Geborgenheit wünschst, stelle dir vor, du bist an diesem inneren Ort. Das Wichtigste: Hier bist du auf gute Weise allein. Niemand darf diesen Ort stören, es ist dein privater Rückzugsort.

- Wenn du es wüsstest: Was könnte dir Geborgenheit vermitteln?
- Was half dir als Kind, dich geborgen zu fühlen, und wie könntest du diese Qualität auch heute in dein Leben bringen?
- Wie könntest du dafür sorgen, dass du dich sehr viel sicherer in deinem Zuhause fühlst als bisher?
- Wie müsste dein innerer Rückzugsort beschaffen sein?
- Kannst du dir vorstellen, dass es diesen Ort in deinem Inneren gibt, und dir selbst die Erlaubnis geben, dich dorthin zurückzuziehen?

~ 2 ~

Komme in dein inneres und äußeres Gleichgewicht zurück.

Manchmal sind wir davon überzeugt, etwas tun zu müssen, selbst wenn es uns ganz und gar nicht behagt, um ein größeres Ziel zu erreichen. Unser Unterbewusstsein sorgt auf diese Weise für unsere maximale existenzielle Sicherheit, teilweise sogar auf Kosten unseres Wohlbefindens, auch wenn das unlogisch klingen mag. Es kann also sein, dass du dein inneres Gleichgewicht verloren hast, weil du etwas tust, damit du nicht noch viel mehr aus dem Gleichgewicht gerätst. Du hast zum Beispiel einen ungeliebten Job, damit du nicht in finanzielle Schwierigkeiten kommst. Frage dich, wenn du diese Karte ziehst, ob du dein Leben in jenen Bereichen, auf die du Einfluss hast, so eingerichtet hast, wie es heute zu dir passt. Vielleicht hast du dich verändert und brauchst jetzt eine andere Art von Balance.

- Wie könntest du für mehr Gleichgewicht in den aus der Balance geratenen Lebensbereichen sorgen?
- Wenn du dir bewusst machst, dass du mit dem, was du tust, auch wenn es dich aus dem Gleichgewicht bringt, ein größeres Ziel verfolgst, das deine innere Balance sichern soll: Welches größere Ziel könnte das sein?
- Was, befürchtest du, könnte passieren, wenn du das Verhalten ablegst, das dich aus der Balance bringt?
- Wie könntest du dieses größere Ziel, nämlich dich sicher zu fühlen, noch erreichen?

~ 3 ~

Lasse deine Wünsche und Träume in dir erblühen, und erfreue dich an ihnen.

Unterdrückst du manchmal deine lebendigen Impulse oder redest dir deine Herzenswünsche aus? Das tun wir, wenn wir nicht wissen, wie wir sie verwirklichen können, oder weil wir Angst haben, wir könnten andere verletzen und müssten etwas aufgeben, was für uns wichtig ist. Was wäre, wenn du deine Träume einmal als kostbaren Ausdruck deines wahren Inneren anerkennen würdest? Sie sind so einzigartig, wie du es bist. Nur du hast diese Träume. Nur du kannst sie in die Tat umsetzen und damit auch andere glücklich machen. Auch wenn du noch nicht weißt, wie sich deine Träume in gelebte Form bringen lassen, wie wäre es, wenn du einmal aufschreiben würdest, was du wirklich vom Leben willst? Das Leben ist Evolution. Gib ihm also eine Chance, sich durch dich zu entfalten und mit deiner Hilfe Neues zu erschaffen, indem du deine Wünsche und Träume in Pläne und Taten umsetzt.

- Wenn es keine Grenzen des Möglichen gäbe, welchen Traum könntest du dir dann erlauben, zu träumen?
- Wenn du nichts opfern müsstest, was dir wichtig ist, welchem Lebenstraum könntest du dann die Erlaubnis geben, sich zu verwirklichen?
- Angenommen, du weißt es: Was nutzt es dir, dir selbst deine Lebensträume auszureden? Doch, da gibt es etwas, nimm die Frage bitte ernst.
- Wie könntest du dich selbst ermutigen, deine Herzenswünsche wie einen Schatz zu hüten und ihre Verwirklichung anzustreben?
- Welchen ersten Schritt könntest du heute unternehmen, um der Erfüllung deiner Träume näher zu kommen?

4

Beschütze dein mitfühlendes Herz.

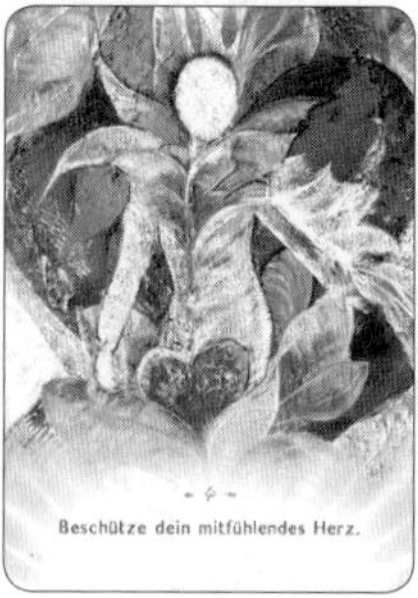

Weil du sehr mitfühlend bist, drängt dich dein Herz manchmal dazu, anderen mehr zu geben, als du kannst. Doch das Herz ist nicht der wichtigste Ratgeber, wenn es um dein eigenes Wohlbefinden geht. Dein Körper und dein Lebensweg haben nur dich, daher brauchen sie dich noch dringender, als andere Menschen dich brauchen könnten. Erlaube dir deshalb, auf dich zu achten und zunächst dir selbst das zu geben, was du anderen so großzügig schenkst. Du darfst dein Herz beschützen und dafür sorgen, dass du selbst genug Liebe, Freude und Fürsorge erlebst, bevor du für andere da bist, besonders dann, wenn du es oft mit leidenden Menschen und Tieren zu tun hast. Wenn es darum geht, zu entscheiden, wie intensiv du für andere da sein solltest, weiß der Bauch oft besser als das Herz, was gut für dich ist.

- Wie könntest du das, was du anderen so großzügig gibst, auch dir selbst zukommen lassen?
- Was brauchst du, um auch einmal Nein zu sagen, wenn dich dein Herz drängt, anderen zu helfen und sie zu retten, obwohl du spürst, dass du Zeit für dich selbst brauchst?
- Wie könntest du noch mehr auf dein Bauchgefühl hören, das dir sicher manchmal rät, dich mehr um dich zu kümmern, statt dich eventuell durch die Nöte anderer von dir selbst abzulenken?
- Hilft es dir, zu wissen, dass dein Augenmerk auf dein eigenes Wohlbefinden und deine Selbstfürsorge für andere sogar hilfreich sein können, weil du ihnen als Vorbild dienst?

5

Schenke dir selbst die Liebe und die Fürsorge, die du heute brauchst.

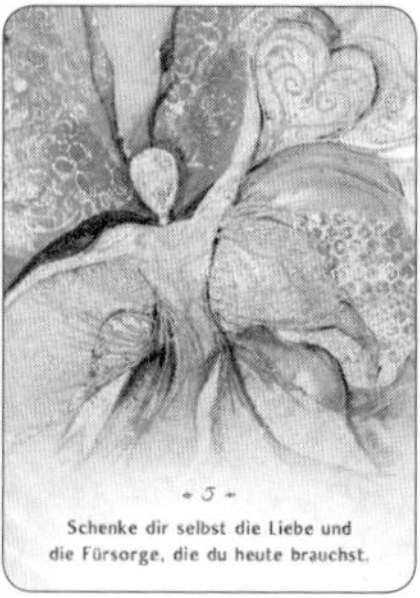

Auch du brauchst Fürsorge, nicht nur die anderen. Manchmal vergisst du das vielleicht. Erlaube dir, herauszufinden, wie du dich heute selbst hüten, bemuttern und glücklich machen kannst. Wie du eine Blume sorgsam hegst und pflegst, ihr weder zu viel noch zu wenig Wasser gibst, so darfst du deinen Körper und dein Inneres mit allem versorgen, was nötig ist, damit du innerlich und äußerlich erblühen kannst. Koche dir dein Leibgericht, gehe spazieren, schaue dir einen guten Film an, mache dir selbst ein Geschenk … Bereite dir bewusst eine wirkliche Freude – nicht als Belohnung oder Ansporn, sondern einfach so, weil du dich magst. Wenn du immer andere mehr umsorgst als dich selbst, dann wird etwas in dir traurig und fühlt sich vernachlässigt. Um das nicht spüren zu müssen, könntest du dann auf die Idee kommen, dich noch mehr um andere zu kümmern. Damit setzt du einen ungesunden Kreislauf in Gang.

- Was würde dir heute, ja, genau jetzt, wirklich Freude bereiten?
- Wie könntest du diesen Wunsch ernst nehmen und ihn nicht als Hirngespinst, »nicht so wichtig« oder »zu teuer« abwerten?
- Sagst du oft den Satz: »Nur, wenn es dir keine Mühe macht.«? Wozu? Warum darf sich ein anderer nicht ein wenig Mühe für dich machen?
- Angenommen, du hast es verdient (auch wenn das in Wahrheit nicht nötig ist): Wie könntest du dir selbst zeigen, dass du dir gern für dich selbst Umstände machst?
- Wie wäre es, wenn es von nun an zu deiner Routine gehören würde, dich selbst zu fragen, wie du dich heute glücklich machen könntest? Und das dann auch zu tun?

~ 6 ~

Lasse all deine Farben leuchten, sowohl die zarten als auch die kraftvollen.

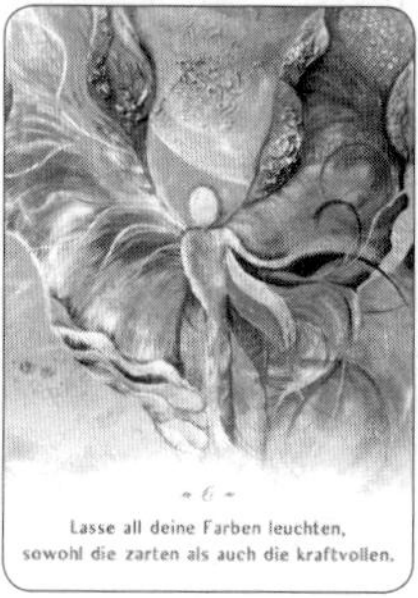

Womöglich hat man dir als Kind gesagt, dass irgendetwas an dir falsch sei, wenn du laut oder still, lebhaft oder zurückgezogen warst. Möglicherweise wurdest du sogar bestraft, wenn du bestimmte Seiten von dir gezeigt oder gewisse Gefühle geäußert hast. Dadurch entstand ein inneres Bild von dir, dem du entsprechen musstest, um geliebt zu werden und dich sicher zu fühlen. Solche Bilder und Vorstellungen können sehr machtvoll sein. Sie sind von der Gesellschaft geprägt und spiegeln unsere Angst vor anderen Menschen, die uns verurteilen oder beschämen, verraten oder verunglimpfen könnten. Weil diese Beschränkungen des eigenen Ausdrucks immer aus Angst geschehen, sind sie sehr stark und wirken in alle Lebensbereiche hinein – möglicherweise auch in die, in denen du glaubst, schon sehr frei zu sein. Das bist du bestimmt, und gleichzeitig könntest du vielleicht noch freier und entspannter einfach du selbst sein.

- Angenommen, es gibt in dir bestimmte Farben, die ein wenig mehr strahlen dürften, damit du dich noch freier fühlst: Welche könnten das sein?
- Wenn die inneren Farben, die noch mehr strahlen könnten, bestimmte Eigenschaften oder Gefühle wären, welche wären das wohl?
- Wenn es einen guten Grund gegeben hätte, diese Farben in dir zu dämpfen, welcher könnte das sein?
- Existiert dieser Grund noch?
- Wie könntest du dir erlauben, deine Farben, deine Eigenschaften und Gefühle, noch stärker leuchten zu lassen?

– 7 –

Traue dich, über dich hinauszuwachsen.

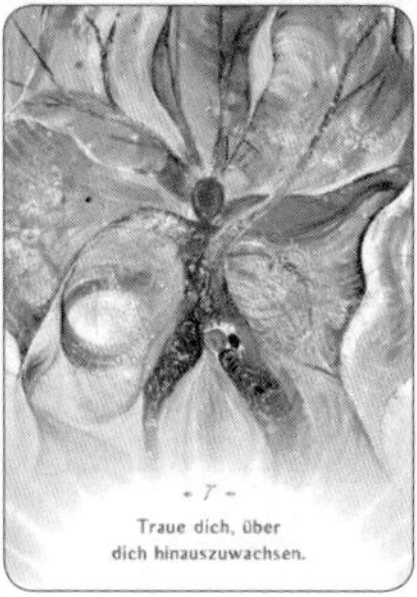

Dein Selbstbild ist veraltet, es ist zu blass und zu unscharf geworden. Du bist gewachsen und gereift, und du darfst dir deshalb noch viel mehr zutrauen. Was auch immer dich noch zurückhält, die Karte sagt dir, dass du weder am Ende deiner Weisheit bist noch deine Fähigkeiten ausgeschöpft hast. Du glaubst womöglich, dass du etwas nicht kannst, nicht klug genug, zu schwach, zu wenig ausgebildet, zu alt, zu jung oder zu sonst etwas bist. Was, wenn du dich irrst? Wenn du in dir Schatzkammern hättest, von denen du noch gar nichts weißt? Was wäre, wenn die Situation, für die du diese Karte gezogen hast, nur dazu dienen würde, dir zu zeigen, wie innerlich frei und wie unabhängig du bereits bist? Denn so ist es. Die Situation, in der du dich im Moment befindest und in der du dich machtlos fühlst, fordert dich auf, alle Kräfte, die du entwickelt hast, zum Einsatz zu bringen. Wenn du sie nutzt, werden sie dir bewusst und stehen dir ab sofort als Ressourcen zur Verfügung.

- Auf welche Weise fühlst du dich in dieser Situation machtlos und klein? Was genau traust du dir nicht oder nicht mehr zu?
- Angenommen, es gibt etwas: Was bräuchtest du, damit du dich in dieser Situation wieder oder zum ersten Mal machtvoll und frei fühlen könntest?
- Wenn du dein eigener Coach wärst, worin würdest du dich bestärken, und wie würdest du das tun?
- Wie könntest du noch mehr für die verletzlichen Anteile in dir da sein, damit die machtvollen und freien Anteile noch wirksamer werden könnten?

8

Sei bedingungslos liebevoll zu dir.

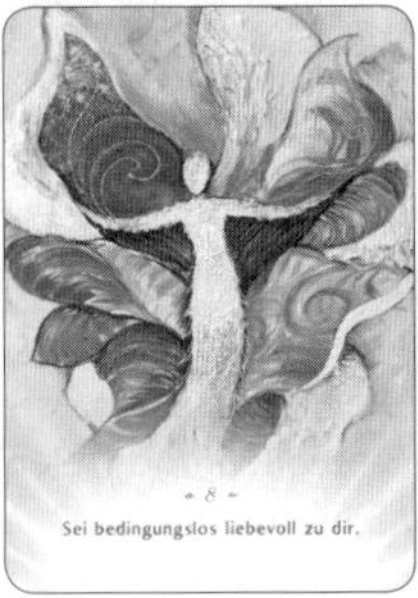

Ärgerst du dich manchmal über dich selbst oder wertest dich ab? Bist du der Meinung, andere seien besser als du? Vielleicht sind sie das tatsächlich. Stelle dir einmal zwei zuckersüße Kätzchen vor. Würdest du das eine mehr lieben als das andere, weil es möglicherweise höher springen kann? Bestimmt nicht. Du darfst liebevoll mit dir umgehen, weil du du bist. Wenn ein anderer etwas besser kann oder einen sportlicheren Körper hat, dann nur deshalb, weil er andere Prioritäten gesetzt hat als du. Er hat einfach eine andere Entscheidung getroffen, und das macht ihn nicht besser oder schlechter als dich. Du kannst dich jederzeit anders entscheiden und lernen, was du noch besser können willst. Oder du kommst in Frieden mit dem, was du schon alles kannst, und alles ist gut.

- Wie könntest du gerade heute gut für dich sorgen?
- Wärst du deine liebste Freundin, dein bester Freund und dürftest dir etwas von dir selbst wünschen, was wäre das?
- Angenommen, es geht nicht darum, ob du Gutes verdient hast oder nicht, sondern darum, dass du entscheiden kannst, was du für dein Leben willst: Was würdest du heute wählen?
- Wie wäre es, wenn du das, was du heute wählst, für dich selbst tust, nur so, weil du es dir wünschst?
- Was wäre, wenn heute der Belohnungsbonus für »gut sein« einmal ausgesetzt würde und du liebevoll mit dir selbst umgingst, ohne es »zu verdienen«?

~ 9 ~

Befreie deine Beziehungen von allem, was sie belastet.

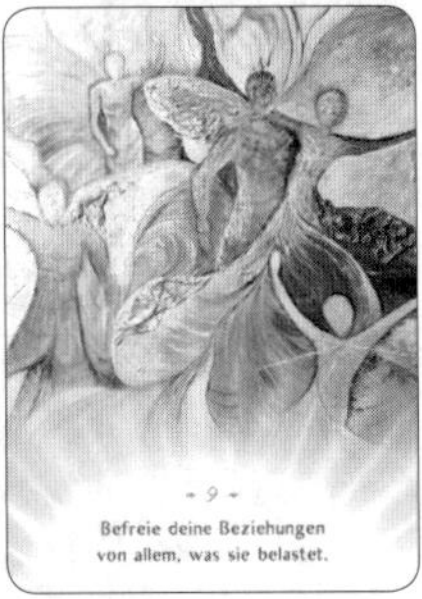

In deine Beziehungen, seien es Kontakte im Internet, Freundschaften, Liebesbeziehungen oder familiäre Bindungen, haben sich Ansprüche und Bedürfnisse eingeschlichen, die diese Beziehungen belasten. Du bist zum Beispiel öfter in den sozialen Medien unterwegs, als es dir guttut, weil du dich selbst dann nicht spüren musst. Du erwartest in einer Freundschaft emotionale Unterstützung für dein Inneres Kind, obwohl deine Freundin keine Lust hat und sowieso nicht in der Lage ist, dir zu geben, was du als Kind nicht bekommen hast. Oder du gibst in einer Beziehung mehr, als es sich für dich stimmig anfühlt, weil du Angst hast, den anderen sonst zu verlieren. Hinter ungesundem Verhalten steckt immer ein ihm zugrunde liegendes Bedürfnis. Welches könnte das sein, worum geht es für dich also wirklich? Wenn du das weißt, kannst du dir auf gesündere Weise beschaffen, was du wirklich brauchst.

- In welcher deiner Beziehungen könntest du zu viel investieren?
- Worin besteht das Gift, das in deinen Beziehungen wirkt?
- Welchen Gewinn könntest du durch die toxischen Verhaltensweisen erzielen oder erzielen wollen, und wie könntest du ihn auf eine andere, gesündere Weise erlangen?
- Wie könnte eine Detox-Kur in diesem Bereich für dich aussehen?
- Was brauchst du, um einige Zeit enthaltsamer zu leben und die ungesunden Verhaltensweisen zu unterlassen?

∘ 10 ∘

Vereinfache dein Leben.

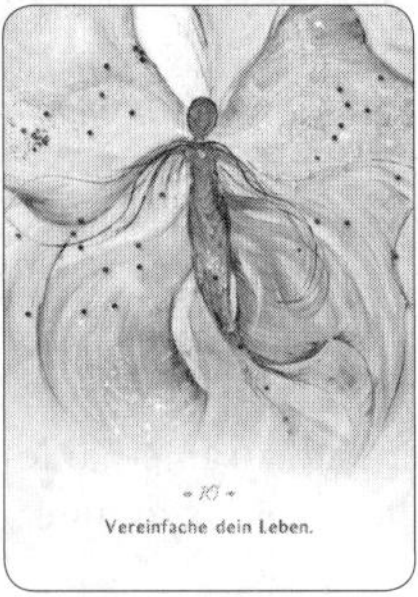

»Simplify your life« heißt ein sehr erfolgreiches Buch – nimm dir seinen Aufruf zu Herzen. Etwas in deinem Leben ist zu kompliziert, zu umständlich. Vielleicht orientierst du dich in einem Bereich zu sehr an den Bedürfnissen anderer, oder etwas passt einfach nicht mehr zu dir. Du hegst möglicherweise bestimmte Überzeugungen, die dir dein Leben unterm Strich nur schwerer machen und deren Ursprung letztlich in der Angst begründet liegt. Möglicherweise nutzt du zu wenig Technik, weil du befürchtest, nicht klarzukommen, oder zu viel Technik, die dich stresst. Ein Beispiel: Du willst regelmäßig mit deinem Fahrrad zum Einkaufen fahren. Nur einkaufen, sonst nichts. Du hast ein kompliziertes E-Bike in der Garage stehen, das dir zwar viel ermöglicht, gleichzeitig aber einiges an Pflege braucht. Dabei würde es ein einfaches Fahrrad ohne Gangschaltung und mit Rücktritt genauso tun und wäre sehr viel einfacher zu handhaben. Weil es einfacher wäre, würdest du es viel häufiger nutzen.

- Welche Bereiche in deinem Leben rufen nach Vereinfachung?
- Wie könntest du das, was zu viel oder zu kompliziert ist, gegen etwas Simpleres eintauschen?
- Manchmal wird es leichter, wenn man sich Unterstützung holt. In welchen Lebensbereichen machst du es dir zu schwer, indem du womöglich darauf bestehst, allein klarzukommen?
- An welchem unnötigen Gegenstand hältst du nur fest, weil er Geld gekostet hat?
- Wie könntest du dir erlauben, deine Lebensbereiche weniger kompliziert und aufwendig zu gestalten?

11

Nimm alles wahr, was du fühlst.

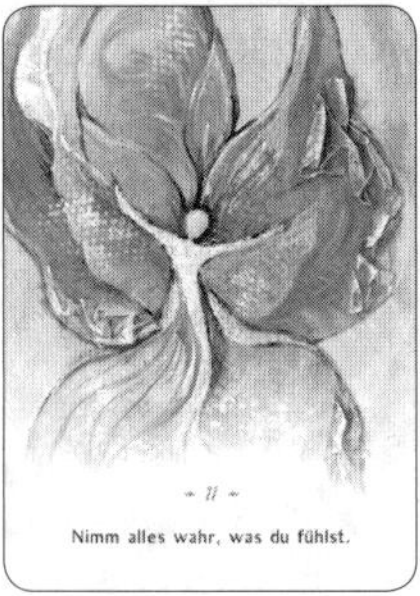

Gefühle beeinflussen maßgeblich dein Befinden und deine Energie auf körperlicher Ebene. Du kennst das: Bist du traurig, fühlst du dich müde und schlapp. Bist du glücklich, hast du Kraft und strahlst. Bist du wütend, könntest du mit der Faust auf den Tisch hauen. Bist du zufrieden, entspannst du dich und dein Blutdruck sowie die Herzfrequenz sinken. Deine Gefühle sind deshalb so wichtig, weil sie dir zeigen, ob das, was du erlebst, gesund und stimmig für dich ist oder ob es dich ärgert, verletzt und damit auf die Dauer krank macht. Deine Gefühle zeigen dir auch, ob du mit dir selbst im Einklang bist oder ob es in dir nicht gefühlte und nicht geheilte Wunden gibt. Auch diese Wunden wollen gespürt und erkannt werden. Denn dann kannst du Schritte unternehmen, möglicherweise mit Hilfe von außen, um sie zu versorgen, damit sie heilen können.

- Wenn du keine Angst vor deinen Gefühlen hättest, welche neben den dir bekannten würdest du dann noch in dir wahrnehmen?
- Angenommen, es gibt Gefühle, die du nicht haben willst: Welche könnten das sein?
- Kannst du die unerwünschten Gefühle benennen, auch wenn du sie nicht fühlst?
- Was brauchst du, um sie doch fühlen zu können?
- Gefühle sind wichtige innere Wegweiser. Welchen Weg möchten dir die ungewollten Gefühle weisen?
- Was brauchst du, um diesen Weg noch besser als bisher gehen zu können?

12

Gib deinem Körper, was er braucht.

Du hast viel zu tun, bist sehr beschäftigt, innen und außen. Erlaube dieser Karte, dich daran zu erinnern, dass du eine großartige, lebenslange Kraftquelle besitzt, die du nutzen darfst und die ihre eigenen Bedürfnisse hat: deinen Körper. Ihm zu geben, was er braucht, scheint manchmal Mühe zu bereiten, doch in Wahrheit nutzt du dadurch seine Kraft für dich. Je mehr du seine Bedürfnisse kennst und erfüllst, desto mehr fühlst du dich mit ihm verbunden und desto stärker ist dein Gefühl von Einheit mit dir selbst. Es gibt viele verschiedene Gesundheitskonzepte, die gut sein mögen, aber dennoch nicht zu dir passen müssen. Wenn du die Bedürfnisse deines Körpers nach Ruhe, Bewegung, gesunder Nahrung, frischer Luft und Ausgewogenheit erkennst und sie so erfüllst, wie es dir entspricht, lernst du deinen Körper und seine Kräfte kennen. Er ist der Gefährte deiner Seele, zusammen bilden sie das Traumpaar, das du als Mensch bist. Damit sie Hand in Hand gehen können, müssen beide, Körper wie Seele, in ihrer jeweiligen Kraft sein.

- Angenommen, dein Körper hat eine Stimme und kann dir sagen, was er braucht: Was könnte das heute sein?
- Wie könntest du deinem Körper das geben, was er braucht?
- Wenn du deinen Körper so lieben würdest, wie er ist, was wäre dann anders?
- Was würdest du auf liebevolle Weise für ihn tun können?
- Was wäre noch alles möglich, würdest du deinen Körper lieben?

13

Pflege deine gesunden Beziehungen.

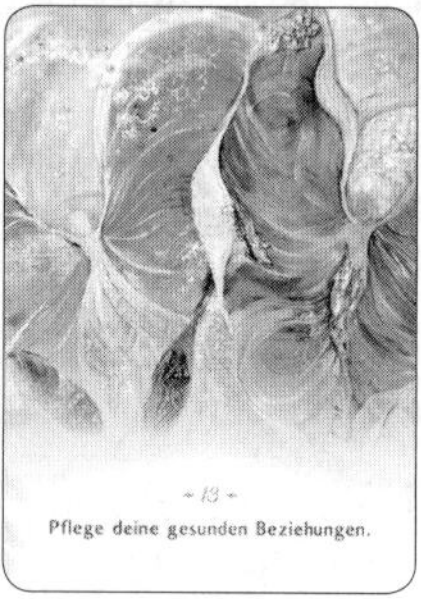

Zur Selbstfürsorge gehört es auch, die Beziehungen, die du eingegangen bist, zu pflegen. Ob innerhalb der Familie, zu Freunden oder zum Partner – gesunde Beziehungen senken den Stresslevel und tun dir einfach gut. Wenn du diese Karte ziehst, überprüfe, ob du die Kraft, die dir deine gesunden Beziehungen geben, wahrnimmst, zu schätzen weißt und nutzt. Auch du bist eine Kraftquelle für andere, indem du da bist, nicht, indem du dich über Gebühr aufopferst. Eine gesunde Beziehung erkennst du daran, dass du einfach du selbst sein darfst und dir nicht ständig Gedanken darüber machst, was der andere über dich denken könnte und ob du es ihm auch recht machst. Du weißt, dass du so, wie du bist, gemocht wirst. Auch du magst dein Gegenüber einfach so, wie es eben ist. Ihr seid nicht abhängig voneinander (außer es geht um die Beziehung deines Kindes zu dir) und tut euch gleichzeitig gut.

- Was könntest du heute für eine deiner gesunden Beziehungen tun, damit sie noch schöner wird?
- Angenommen, du weißt, wie viel Kraft dir deine gesunden Beziehungen geben: Wie könntest du sie noch gesünder und erfüllender gestalten?
- Wie könntest du dir noch bewusster machen, wie wertvoll deine gesunden Beziehungen sind?
- Wie könntest du in deinen gesunden Beziehungen noch authentischer, zugewandter und liebevoller sein?

~ 14 ~

Tue einmal gar nichts, auch wenn vieles getan werden will.

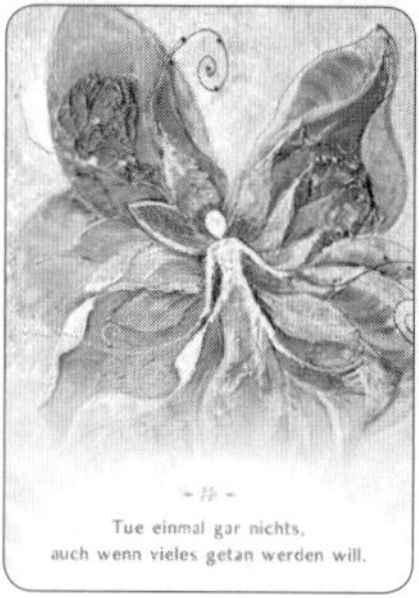

Die Karte rät dir nicht, wichtige Angelegenheiten aufzuschieben. Doch wenn du sie ziehst, dann wird es Zeit, dich zurückzulehnen und einmal alles sein zu lassen, wie es ist. Möglicherweise ergeben sich neue Lösungen, wenn du die Kontrolle über deine Aufgaben einen Moment lang loslässt. Irgendjemand will immer etwas von dir, und Beruf, Haushalt, Garten, Tiere und Familie fordern dich. Wenn du nicht übst, runterzuschalten, auch wenn es noch so viel zu tun gibt, dann entspannst du dich möglicherweise nie. Keine Sorge, du brauchst nicht in Lethargie zu verfallen, nur einmal kurz innehalten und durchatmen. Je mehr Angst du hast, die Kontrolle zu verlieren, desto wichtiger ist es, dass du sie einmal bewusst an das Leben abgibst und dich locker machst.

- Wie könntest du einen Moment lang nur atmen und sonst nichts tun?
- Was würde sich ändern, wenn du wüsstest, dass du die Erlaubnis hast, den Dingen ein paar Minuten lang ihren Lauf zu lassen, auch wenn sie dich zu einer Handlung und einer Entscheidung zu drängen scheinen?
- Wie würdest du dich fühlen, wenn du wüsstest, dass sich ordnende und liebevolle Kräfte um deine Belange kümmern, auch wenn du einmal nichts tust?
- Wie wäre es, diese Kräfte, selbst, wenn du nicht weißt, welche das sein könnten, um Hilfe zu bitten und ihnen deine Ziele und die Anforderungen an dich für einen Moment zu überantworten?

~ 15 ~

Sammle Kraft, und sage in einer bestimmten Sache ausdrücklich Nein.

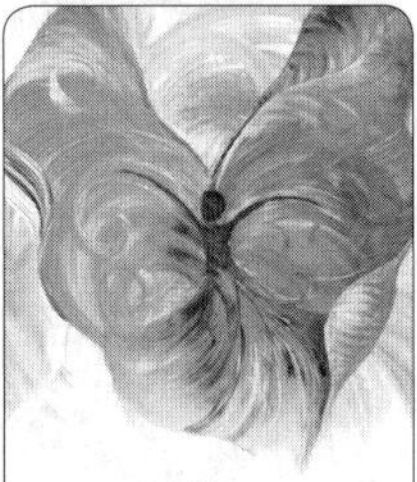

~ 15 ~
Sammle Kraft, und sage in einer bestimmten Sache ausdrücklich Nein.

Es gibt etwas in deinem Leben, was dir nicht gefällt, oder es steht eine Entscheidung an. Es kann auch sein, dass dir deine Unentschiedenheit oder dein Verhalten in einer bestimmten Situation nicht gefällt. Es muss also keine äußere Angelegenheit sein, die dein Nein erfordert. Möglicherweise trinkst oder isst du zu viel, du rauchst oder führst eine abhängige Beziehung, die dir mehr schadet, als dass sie dich erfüllt. Vielleicht weißt du sofort, welcher Lebensbereich gemeint ist, oder es ist schwierig für dich, zu erkennen, wo das Nein ausgesprochen werden will. Die folgenden Fragen helfen dir, herauszufinden, worum es geht.

- Angenommen, dein Nein befindet sich irgendwo im Körper: Wo würdest du es spüren?
- Wenn du mit diesem Nein kommunizieren könntest, was würde es dir sagen?
- Wenn du noch nicht im Außen handeln müsstest und den Mut hättest, genau hinzuschauen, wozu sagst du in Wahrheit Nein, auch wenn du es vielleicht noch anders lebst?
- Legst du ungesundes Verhalten an den Tag, das ein eindeutiges Nein verlangt?
- Wie könntest du mit dem ungesunden Verhalten aufhören?
- Angenommen, dein Nein bezieht sich auf Zweifel oder negative Gedanken: Was bräuchtest du, damit du voller Vertrauen und Zuversicht auf die Angelegenheit schauen könntest, mit der du immer wieder haderst?
- Wie könntest du dafür sorgen, dass du bekommst, was du brauchst, um noch stärker zu vertrauen? Könntest du zum Beispiel die beteiligten Menschen um die Versicherung bitten, dass alles gut ist?

-16-

Finde den Mut, in einer bestimmten Sache uneingeschränkt Ja zu sagen.

Manchmal bietet uns das Leben etwas an, was wir unbedingt annehmen sollten. Wenn du diese Karte ziehst, dann ist das eine solche Situation. Das, was das Leben dir schenken will, kann auch etwas Inneres sein: ein Wissen, eine innere Wahrheit, eine Vision. Es kann bedeuten, dass du uneingeschränkt Ja zu dem sagen darfst, was du wirklich willst, es kann sich um einen Glücksfall im Außen handeln, vielleicht ist es auch beides. Du darfst vertrauen. Das, was sich dir anbietet, dient deinem Seelenweg und bereichert dein Leben. Es ist etwas, worauf du schon lange gewartet hast, was dir plötzlich klar wird oder was sich gänzlich unerwartet zeigt. Nimm es an, und erlaube dir, das Zaudern und Zögern einmal zu unterlassen. Gehe »all in«, das heißt, gib dich dem, was sich dir jetzt zeigt, uneingeschränkt hin. Achtung: Es kann auch sein, dass sich das Ja auf ein inneres Nein bezieht, wenn du zum Beispiel spürst, dass du etwas auf gar keinen Fall willst. Dann ist das Ja ein Ja zu deinem Nein.

- Wenn du es wüsstest und dir selbst glauben würdest: Welche äußere oder innere Situation oder Wahrheit braucht jetzt dein volles Ja?
- In welchem Lebensbereich solltest du jetzt »all in« gehen, damit etwas Neues und Wunderbares geschehen kann?
- Was brauchst du noch, um voll und ganz Ja zu sagen?
- Wie kannst du dafür sorgen, dass du das bekommst, was du brauchst, zum Beispiel eine Information oder eine bestimmte Sicherheit?

~ 17 ~

Bewege dich mehr als sonst, weil du weißt, dass es dir guttut.

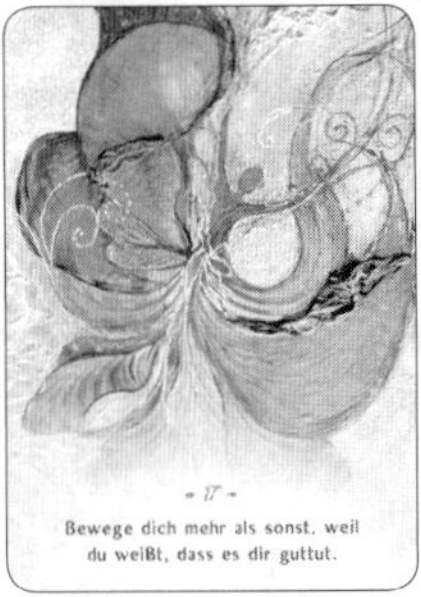

Gerade dann, wenn es uns schwerfällt, uns aufzuraffen, brauchen wir oft erst recht Bewegung. Sie regt nicht nur den Körper, sondern unser gesamtes System an. Je energetischer und gleichzeitig entspannter unser Körper ist, desto besser spüren wir auch unsere Seele. Seele und Körper sind wie Weggefährten, die Hand in Hand gehen. Beide haben jeweils ein eigenes Bewusstsein. Wenn du diese Karte ziehst, dann ist dein Körper gerade ein wenig träge und deshalb schwierig für die Seele an der Hand zu führen. Sie geraten aus dem gemeinsamen Takt, und dadurch fühlst du dich nicht nur noch kraftloser, sondern auch von dir selbst abgespalten. Deshalb: Tanze, springe Trampolin, schwimme, renne, schlage Purzelbäume … Bringe dich selbst in Schwung, damit du in den Gleichklang von Körper und Seele zurückfindest.

- Wie könntest du deinen Körper noch lustvoller bewegen?
- Wie könntest du dafür sorgen, dass Körper und Seele energetisch wieder Hand in Hand gehen?
- Wenn du wüsstest, dass es dir hilft, dich ganz und vollständig zu fühlen: Wie könntest du dafür sorgen, körperlich noch aktiver zu sein als bisher?
- Falls es auf dich zutrifft: Die Erfüllung welches Herzenswunsches könnte zu mehr freudiger Bewegung in deinem Leben führen?
- Was brauchst du noch, um dir deinen Herzenswunsch zu erfüllen?

18

Bringe Ordnung in dein Leben.

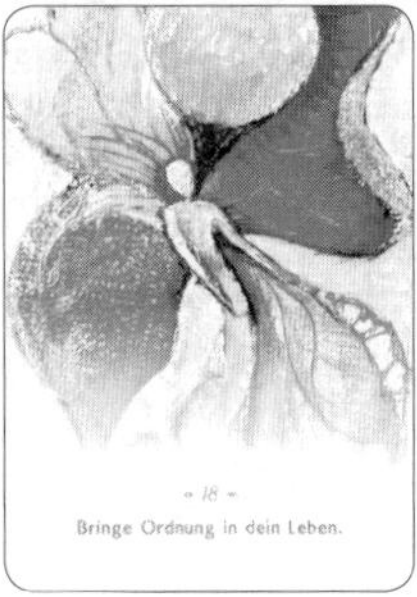

Es gibt eine individuelle Ordnung, die dem Fluss deiner Lebensenergie dient: in dir, in deinen Gefühlen, in deinen Finanzen, in deinen Beziehungen und in all deinen weiteren Lebensbereichen. Diese innere und äußere Ordnung passt zu dir, und wenn du sie einhältst, dann schenkt sie dir Freiheit. Die Karte sagt, dass du in einem oder mehreren Lebensbereichen womöglich nicht oder nicht mehr deiner eigenen Ordnung folgst. Das kann bedeuten, dass sich in deinem Zuhause zu viele Dinge angesammelt haben, die dich einengen. Es ist möglich, dass dein Zeitmanagement nicht mit deinem Biorhythmus harmoniert. Vielleicht entsprechen deine Ernährungsgewohnheiten nicht dem, was sich dein Körper wünscht und was er braucht. Es kann auch sein, dass deine Beziehungen in Unordnung geraten sind, dass alte emotionale Wunden heilen wollen oder dass dein Beruf nicht mehr zu dir passt.

- In welchen Lebensbereichen folgst du noch nicht oder nicht mehr deiner eigenen Ordnung? Wie sieht diese bisherige »Unordnung«* aus, was passt nicht zu dir?
- Wenn du wüsstest, dass du diese Lebensbereiche ändern könntest, was würdest du dann tun oder lassen?
- Was brauchst du, um dich zu entscheiden, diese Lebensbereiche zu ändern, auch wenn du noch nicht weißt, wie?
- Wenn die Entscheidung zur Veränderung der erste Schritt wäre, wie könnte dann der zweite Schritt hin zu deiner eigenen Ordnung aussehen?
- Was brauchst du, um diesen zweiten Schritt zu gehen, und wie oder von wem kannst du das erhalten, was du brauchst?

---

* Die Lebensbereiche sind vermutlich nicht wirklich in Unordnung geraten, sie entsprechen nur nicht (mehr) deiner eigenen inneren Struktur.

~ 19 ~

Sei besonders mitfühlend mit dir, und schenke dir selbst Trost und Zuspruch.

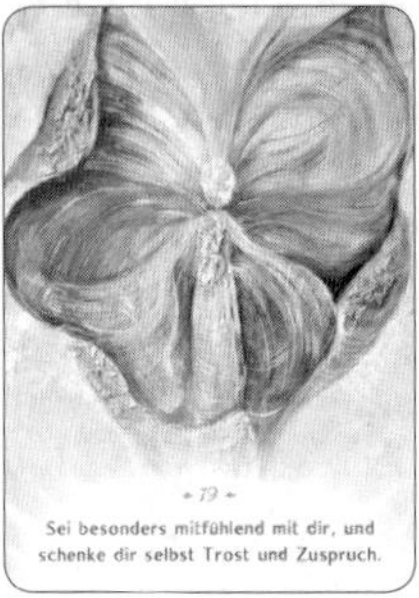

Manchmal scheint dir nichts zu gelingen, und du entsprichst so gar nicht deinen eigenen Erwartungen. Du gefällst dir nicht, fühlst dich als Versager, weil du es wieder einmal nicht hingekriegt hast. Die übliche Reaktion ist dann, dich wütend und verzweifelt von dir selbst abzuwenden, damit du den Schmerz und die Scham über dein Versagen nicht fühlen musst. Doch genau jetzt brauchst du die Hinwendung zu dir selbst, den Trost, den Zuspruch, die Freundschaft, die du dir selbst schenken kannst. Denn was wäre, wenn es bei deiner Entwicklung darum ginge, Selbstmitgefühl zu erlernen? Das ist etwas ganz anderes als Selbstmitleid. Im Selbstmitgefühl schenkst du dir selbst Trost, im Selbstmitleid leidest du mit dir mit und erhoffst dir Trost von außen. Schaue dir im Spiegel in die Augen, und sage laut:

»Ich sehe deinen Schmerz, und du hast mein volles Mitgefühl.«

- Wenn du deine beste Freundin oder dein bester Freund wärst, was würdest du dir dann jetzt sagen?
- Angenommen, du weißt, wie du es machst: Wärst du bereit, dir selbst zur Seite zu stehen und Trost zu spenden, statt dich genervt oder verzweifelt von dir selbst abzuwenden, weil du wieder einmal versagt hast?
- Was würde sich ändern, wenn du dich emotional unterstützen und trösten würdest, statt an dir selbst zu verzweifeln?
- Wie könntest du dir selbst diese liebevolle Unterstützung geben?

-20-

Vertraue deinem Bauchgefühl, und sieh noch einmal genau hin.

Deine Intuition signalisiert dir eindeutig, ob eine Sache oder eine Beziehung für dich stimmig ist oder nicht. Ziehst du diese Karte, dann fühlt sich etwas nicht richtig an. Rein logisch betrachtet, mag alles in Ordnung sein, aber gleichzeitig ist es sehr vernünftig, auf das ungute Gefühl in deinem Bauch zu hören. Auch wenn du noch nicht weißt, warum sich etwas nicht gut anfühlt, nimm es wahr, und glaube dir. Möglicherweise hast du noch nicht alle Fakten, oder du bist zu schnell begeistert, weil du dir so sehr wünschst, dass etwas Bestimmtes endlich klappt oder eintrifft. Dein ungutes Gefühl bedeutet nicht zwingend, dass du Nein sagen sollst. Es fordert dich nur dazu auf, ganz genau hinzuschauen. Vielleicht stimmt etwas noch nicht, liegt im Verborgenen, oder die Zeit ist einfach noch nicht reif dafür.

- Auf welchen Lebensbereich könnte sich die Botschaft der Karte beziehen?
- Wie könntest du dein Inneres befragen, um zu erforschen, warum sich etwas ungut anfühlt?
- Wie wäre es, einmal zwei Stühle einander gegenüberzustellen, dich auf den einen zu setzen und dir vorzustellen, das ungute Bauchgefühl säße auf dem anderen? Welche Fragen würdest du dem Bauchgefühl stellen?
- Wie wäre es, wenn du dich danach auf den Stuhl des Bauchgefühls setzen würdest, um diese Fragen zu beantworten?
- Wie wäre es, wenn du dein Vorhaben aufgrund des Bauchgefühls überdenken und eventuell andere Entscheidungen treffen oder zunächst noch mehr Informationen zu der Angelegenheit einholen würdest?

- 21 -

Kümmere dich auch weiterhin gut um dich, und folge deiner Wahrheit.

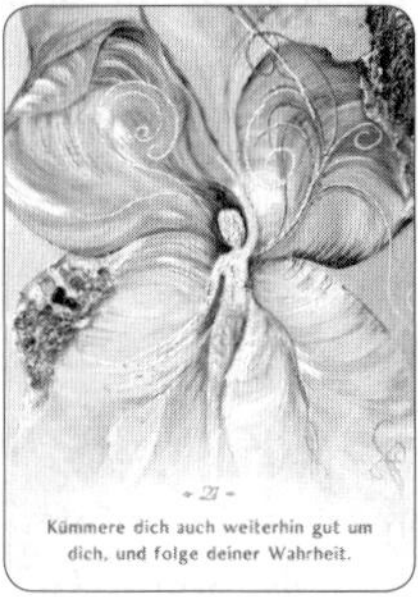

Schuldgefühle wollen dich zu einer bestimmten Handlung bringen. Sie drängen dich, dich doch beim anderen zu melden, dich seiner Angelegenheit anzunehmen oder dich bei ihm zu entschuldigen, obwohl du nur gesagt hast, was für dich stimmig war. Wenn du diese Karte ziehst, dann sind deine Schuldgefühle Ausdruck und eventuell sogar Suchtdruck einer co-abhängigen Verhaltensweise. Du hast dich um dich selbst gekümmert und deine Wahrheit gesagt, statt auf die eventuell unangemessenen Bedürfnisse eines anderen zu reagieren. Du hast getan, was sich für dich gesund anfühlte, statt um jemanden zu werben. Dafür brauchst du dich nicht schuldig zu fühlen. Deine Schuldgefühle wollen dich zwingen, dich wieder auf die alte, dich selbst verleugnende Weise zu verhalten, um eine bestimmte Beziehung nicht zu gefährden und um einen Schmerz nicht zu fühlen. Übernimm bewusst die Verantwortung für das, was du wirklich willst, und halte den dadurch entstehenden Schuldgefühlen stand. Etwas anderes ist es, wenn du spürst, dass du jemandem wirklich Unrecht getan hast. Dann mache es wieder gut, indem du dafür die Verantwortung übernimmst und dich entschuldigst. Egal, ob der andere dir vergibt oder nicht, deine Bereitschaft, Verantwortung zu tragen und um Vergebung zu bitten, gibt dir deinen inneren Frieden zurück.

- Wenn dich deine Schuldgefühle zu einem ungesunden Verhalten antreiben würden, welches wäre das?
- Was müsstest du spüren, wenn du dieses ungesunde Verhalten nicht praktizieren würdest?
- Wenn es die Angst ist, jemanden zu verlieren: Wie könntest du dich in dir selbst noch sicherer und geborgener fühlen?
- Wie wäre es, wenn du deinen Schuldgefühlen einmal nicht nachgibst, sondern sie so stehen lässt, auch, wenn sie sehr dringlich erscheinen? Atme weiter. Sie gehen vorbei.

22

Bitte geistige Kräfte um den Mut, das zu tun, was ansteht.

Etwas aufzuschieben, bindet Lebenskraft. Wenn wir etwas immer wieder vertagen, dann liegt das daran, dass wir etwas nicht noch einmal fühlen wollen. Vermeiden wir aber dieses Gefühl, indem wir etwas, was ansteht, nicht angehen, dann lernt das Gehirn: Es ist immer noch gefährlich, dieses Gefühl zu empfinden. Deshalb verstärkt es die Sicherheitszone »Aufschieben«, wodurch wir erst recht Zuflucht in ihr suchen. Du hast bestimmt gute Gründe dafür, dich vor einem Vorhaben oder einer Aufgabe zu drücken, doch am Ende sind auch gute Gründe nur Ausreden. Sei ehrlich zu dir selbst, und gib vor dir selbst zu, was du vor dir herschiebst. Mache dir die Mühe, zu erkennen, welches Gefühl du dadurch vermeidest. Bitte deine geistige Führung oder ein Krafttier um den Mut, dich der Angelegenheit zu stellen, und sei mitfühlend mit dir selbst.

- Wenn du es wüsstest: Was würde dir helfen, das Gefühl, das du zu vermeiden versuchst, indem du etwas aufschiebst, fühlen zu können und dabei gleichzeitig in Sicherheit zu bleiben?
- Wie wäre es, wenn du die Entscheidung treffen würdest, eine liebevolle Kraft, an die du glaubst, um Mut zu bitten, damit du tun kannst, was ansteht?
- Welche liebevolle Kraft könnte dir Mut schenken?
- Wie wäre es, wenn du dir für dein Vorhaben ein Krafttier an die Seite rufen würdest?
- Wie könnte dir dieses Krafttier dabei helfen, das zu tun, was ansteht?

-23-

Schenke deinem Körper die Wertschätzung, die er verdient.

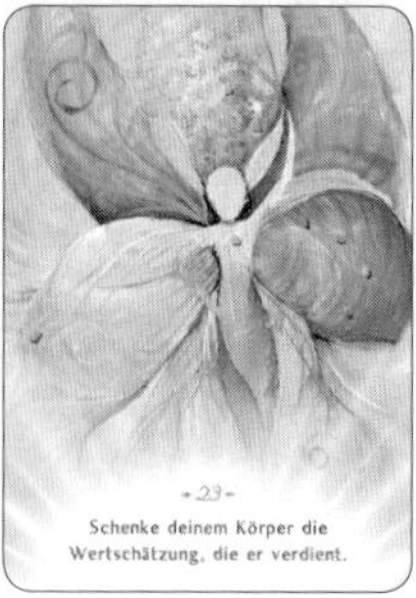

Unser Verhältnis zu unserem Körper ist oft mehr als fragwürdig, wie man zum Beispiel anhand des Schönheitswahns mit dem dazugehörigen Bodyshaming* oder der geistig-spirituellen Unart, den Körper als Quelle allen Leids zu sehen, erkennen kann. Wir haben keine gesunde und damit entspannte Beziehung zu unserem Körper, sondern behandeln ihn wie ein feindliches Wesen, das in Schach gehalten werden muss, oder wie etwas, was wir möglichst nicht spüren sollten. Die wichtigste Kraft unseres Körpers, unsere Sexualität, ist mit so vielen Dos und Don'ts behaftet, wird so oft missbraucht oder unterdrückt, als Marketingstrategie genutzt oder verfemt, dass es kein Wunder ist, dass

* Als »Bodyshaming« werden vor allem in den sozialen Netzwerken abwertende Äußerungen über das Aussehen anderer bezeichnet.

wir nicht mehr wissen, wer wir als körperliche Wesen sind. Wie wäre die Vorstellung, dass Körper und Seele Hand in Hand gehen, dass beide gleichermaßen wichtig sind für ein erfülltes Erdenleben und dass beide ihr jeweils eigenes Bewusstsein haben? Nur wenn du Körper und Seele gleichermaßen würdigst, fühlst du dich vollständig.

- Wie könntest du deinen Körper noch mehr wertschätzen?
- Wenn er ein eigenständiges Wesen mit einem eigenen Bewusstsein wäre, wie könntest du noch viel stärker deinem Körper in Kontakt kommen?
- Was könnte dir helfen, deinen Körper intensiver als Quelle von Lebensfreude und Glück wahrzunehmen?
- Wie könntest du noch mehr echten, also nicht süchtigen körperlichen Genuss erleben? Wäre zum Beispiel eine Massage gut für dich?
- Was brauchst du noch, um dir mehr körperlichen Genuss zu erlauben?

- 24 -

Heute hast du die Kraft für heute.

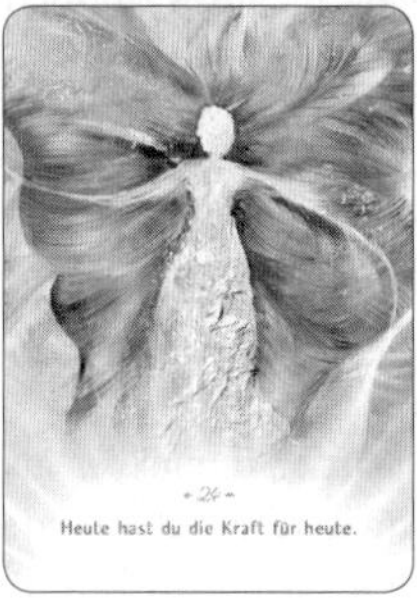

Siehst du immer den ganzen Berg dessen, was du zu erledigen hast? Wünschst du dir manchmal einen Zauberstab, mit dem du dein Leben einfach so verändern könntest? Es gibt viele Menschen, die ihre Vorhaben nicht in die Tat umsetzen, weil sie ihnen zu groß, zu überwältigend erscheinen. Sie schieben sogar Kleinigkeiten auf, weil sie das Gefühl haben, ihr Leben nicht meistern zu können, und verstärken dadurch die Angst vor dem Scheitern. Doch du brauchst heute nur die Kraft für das, was heute ansteht. Der Zauberstab, den du als Mensch zur Verfügung hast, heißt »Durchhaltevermögen«. Deshalb: Weitermachen – in kleinen Schritte. Erscheint dir das nicht genug? Dann mache dir bewusst, dass am Ende immer diejenigen erfolgreich sind, die die kleinen Schritte, ohne zu hadern, einfach gehen. Das ist eine sehr gute Nachricht. Noch einmal: Du brauchst heute nur das zu tun, was heute ansteht, und dafür hast du auch die Kraft. Die Zeit ist auf deiner Seite, wenn du sie nutzt, um zu tun, was heute zu tun ist – und auch nur das.

- Was wärst du in der Lage, für dich zu tun, wenn du es nur heute tun müsstest?
- Wenn du wüsstest, dass du deine ganze Kraft heute verbrauchen dürftest, weil dir morgen neue zur Verfügung steht, was könntest du dann erledigen?
- Was wäre noch für dich möglich, wenn du wüsstest, dass deine irdische Zauberkraft »Weitermachen« heißt?
- Wenn du wüsstest, dass du es nur heute tun müsstest, was könntest du dann unterlassen, weil es dir nicht guttut?

-25-

Halte emotionalen Abstand.

Du bist an einer Sache, einem Menschen oder einem Tier zu nah dran. Auf diese Weise kannst du nicht hilfreich sein, oder du schadest dir sogar selbst, je nachdem, worum es sich handelt. Es kann sein, dass dein Inneres Kind in Resonanz mit den Gefühlen geht, die die aktuelle Angelegenheit in dir aufsteigen lässt. Bitte dein Inneres Kind, also dich selbst als Kind, dir zu zeigen, welches Erlebnis aus deiner Kindheit dieselben oder sehr ähnliche Gefühle in dir auslöste wie die jetzige Situation, auf die sich diese Botschaft bezieht. Weißt du nicht, welcher Vorfall gemeint ist, dann frage dein Inneres Kind, was es im Moment zu stark fühlt und woher es diese Gefühle kennt. Es zeigt dir jetzt eine Situation, in der es dieselben Gefühle hatte, wie du sie heute hast. Führe dir die Umstände vor Augen, in denen du diese Gefühle als Kind erlebt hast. Stelle dir vor, dass du als der Erwachsene, der du heute bist, mit in die Situation hineingehst. Gehe zu dem Kind, das du einst warst, und rette es. Hole es aus der Situation heraus, nimm es in den Arm, und bringe es an einen sicheren Ort in deinem Inneren. Hier kann es unbeschwert spielen und fühlt sich mit der äußeren Situation nicht mehr verbunden.

- Wie könntest du noch besser für dein Inneres Kind sorgen?
- Wer oder was könnte dir helfen, dich noch mehr um dein Inneres Kind zu kümmern?
- Wie fühlt es sich an, wenn du dir vorstellst, dass du mit dem Lebewesen oder der Sache, an dem oder der du zu nah dran bist, durch eine goldene Acht verbunden bist? Du stehst in einem Kreis der Acht, das andere Lebewesen oder die Angelegenheit befindet sich in dem anderen Kreis, und der Kreuzungspunkt ist in der Mitte.
- Wie könnte dir das innere Bild der goldenen Acht helfen?

-26-

Küsse ein Lebewesen.

Küssen ist gesund, denn es setzt die Glücks- und Wohlfühlhormone Dopamin, Serotonin und Oxytocin frei. Gleichzeitig steigt der Spiegel der Katecholamine, die dich wach und motiviert sein lassen. Ob du ein Tier, einen Menschen, eine Blume oder einen Baum küsst, ist dabei nicht entscheidend. So schön es auch ist, einen geliebten Menschen zu küssen, deine Kussfrequenz hängt nicht davon ab, ob es im Moment eine solche Person in deinem Leben gibt. Natürlich knutschst du keinen fremden Hund ab, auch kein Kind, das das gar nicht will. Du darfst aber sehr achtsam durch deinen Tag gehen und wahrnehmen, ob es eine Pflanze, ein Tier, das du kennst und das dir vertraut, oder eben doch einen Menschen gibt, den du liebevoll und zärtlich küssen kannst. Ist da wirklich niemand, dann küsse deinen Unterarm. Probiere es aus, auch wenn du dir dabei komisch vorkommst. Du wirst spüren, dass es dich glücklicher sein lässt.

- Wen oder was würdest du heute gern küssen?
- Wenn du wüsstest, dass es dir und auch dem anderen guttäte, was bräuchtest du dann, um entscheiden zu können, ein Lebewesen zu küssen?
- Wenn du sicher wärst, dass dein Kuss willkommen ist, in welcher Situation und auf welche Art und Weise könntest du ihn dem anderen geben?
- Angenommen, es gibt einen Menschen, den du sehr liebst: Wie könntest du dafür sorgen, dass ihr euch wieder häufiger küsst?
- Was darfst du eventuell hinter dir lassen, um wieder auf diesen geliebten Menschen zuzugehen?

- 27 -

Nutze deine Tatkraft für deine eigenen Projekte.

Es ist wunderbar, dass du für deine Mitmenschen da bist und ihnen deine Zeit und deine Tatkraft zur Verfügung stellst. Es kann allerdings sein, dass du dich den Zielen und Wünschen anderer lieber als deinen eigenen widmest, weil dich etwas davon abhält, das zu tun, was durch dich getan werden will. Es ist möglich, dass du Angst hast, dich um dein eigenes Projekt zu kümmern, weil du scheitern könntest oder weil du riskierst, jemanden zu verletzen oder etwas, was dir wichtig ist, zu verlieren, solltest du erfolgreich sein. Viele Menschen fangen lieber erst gar nicht an, zu tun, was sie tun wollen, weil sie befürchten, dass es nicht klappt oder sich ihr Leben so sehr verändern wird, dass sie nicht mehr klarkommen. Lasse dir gesagt sein: Dadurch, dass du tust, was durch dich getan werden will, veränderst du dich in dem Tempo, das dir die Zeit gibt, um gut mit allem Neuen umzugehen. Darauf darfst du dich verlassen.

- Wenn du es wüsstest: Welches Projekt wartet auf deine Tatkraft, was will durch dich getan und erledigt werden?
- Angenommen, du hast einen Grund, der dafür sorgt, dass du dein Projekt brachliegen lässt: Welcher könnte das sein?
- Wenn dieser Grund mit einer Angst zu tun hätte, was bräuchtest du, um dich sicherer zu fühlen?
- Wie könntest du dir selbst die nötige Sicherheit geben, um dein Projekt anzugehen? Dazu gehört auch, dir gegebenenfalls Hilfe zu suchen. Selbstverantwortlich zu sein, heißt nicht, alles allein zu machen.

-28-

Feiere deine Erfolge.

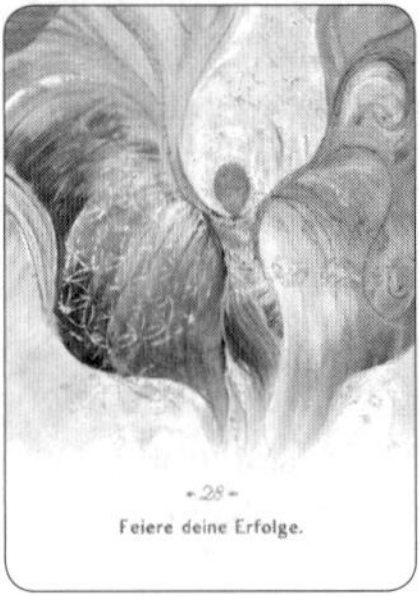

Lobst du dich gebührend, wenn du erfolgreich warst, oder hältst du es für selbstverständlich, immer Höchstleistung zu erbringen? Schenkst du dir selbst zur Belohnung Blumen, gehst gut essen oder kaufst dir etwas Schönes? Wenn ja: Sehr gut, weitermachen! Falls nicht, dann darfst du es lernen. Einen Erfolg zu erzielen, bedeutet, dass du eine Herausforderung gemeistert hast, für die du dich anstrengen musstest: körperlich, geistig oder emotional. Dabei ist es egal, ob du deine Wohnung aufgeräumt oder einen Doktortitel verliehen bekommen hast. Durch das Feiern deiner Erfolge zeigst du dir selbst, dass du deine Leistung anerkennst und stolz auf dich bist. Indem du deine Fortschritte, Durchbrüche und Errungenschaften zelebrierst, werden sie dir bewusster und bleiben dir länger im Gedächtnis, wodurch dein Selbstwertgefühl wächst. Dein Bewusstsein merkt sich durch den positiven Verstärker »Feiern«, dass du, wenn du dir etwas vornimmst und dein Bestes gibst, deine Ziele erreichst. Das wiederum stärkt dein Selbstvertrauen.

- Wie könntest du für dich Erfolg definieren?
- Wobei hast du das Gefühl, wirklich erfolgreich zu sein, statt deine Alltagsleistung zu bringen? Das ist eine sehr individuelle Frage. Was für andere normal ist, kann für dich herausragend sein. Andersrum genauso: Was für andere ein Riesenerfolg ist, kann dein Standard sein.
- Angenommen, du weißt es: Wie könntest du dich selbst gebührend anerkennen und dir eine Freude machen, wenn du einen Erfolg erzielt hast?
- Was könnte dir helfen, dich dafür zu entscheiden, deine Erfolge von nun an noch bewusster zu würdigen, indem du sie feierst?

∽ 29 ∽

Nimm dir eine Auszeit, und schöpfe neue Kraft.

Du hast viel geleistet, viel Energie bewegt, viel gegeben, gefühlt, verändert, geholfen und in Ordnung gebracht. Vielleicht bist du es so sehr gewohnt, das zu tun, dass es dir gar nicht bewusst ist. Lege einmal alles zur Seite, und gönne dir eine Auszeit. Lasse dich massieren, verbringe einen Tag im Bett, nimm dir Zeit, zu lesen, tue das, was sich für dich gut anfühlt. Die Welt wird sich für einen Moment auch ohne dein Zutun weiterdrehen, darauf darfst du dich verlassen. Wenn du für andere Lebewesen verantwortlich bist, dann lässt du sie natürlich nicht im Stich, gleichzeitig bist du für dich selbst verantwortlich und darfst auch dich selbst nicht hängen lassen. Ruhe dich also aus, auch wenn es dir schwerfallen mag. Verschiebe dieses Ausruhen bitte nicht auf unbestimmte Zeit, sondern plane deine Auszeit, die nicht lange sein muss, so schnell wie möglich mit ein. Du lernst dadurch, für dich selbst zu sorgen, statt dich immer weiter anzutreiben, deshalb nimm sie dir wirklich.

- Was bedeutet es für dich, eine Auszeit zu nehmen?
- Was entspannt dich?
- Wenn du dir selbst so viel Bedeutung beimessen würdest wie denjenigen, die du versorgst, oder dem, worum du dich kümmerst, was würdest du dann für dich tun?
- Was brauchst du, um dein Wohlbefinden noch wichtiger zu nehmen?
- Wie könntest du dir selbst die Erlaubnis geben, dich einmal auszuruhen?

-30-

Tief in dir weißt du, wofür du brennst. Lasse das Feuer neu auflodern.

Es gibt etwas, was dich erfüllen und innerlich reich und glücklich machen könnte. Das Feuer deiner Begeisterung brannte einst für eine bestimmte Sache, sei es beruflich oder privat. Du hattest einen Traum, eine Vision, doch das Leben hat dir diesen Traum ausgeredet. Es ist nicht machbar, hast du erkannt und, weil du realistisch bist, die Vision tief in dir vergraben. Doch das Feuer glimmt noch. Es ist noch nicht vorbei und noch nicht zu spät. Es lohnt sich, sagt dir diese Karte, dieses Feuer bewusst anzufachen und zu überprüfen, was heute, möglicherweise Jahre später, machbar ist. Du hast dich verändert, du bist gereift. Jetzt ist der richtige Zeitpunkt, dich in Gedanken erneut an dein inneres Feuer zu setzen und sanft hineinzupusten. Erlaube deinen Visionen und inneren Bildern, durch die neu auflodernden Flammen zu dir zu sprechen.

- Worin besteht deine Vision, was ist es, wofür du noch immer brennst?
- Was willst du aus tiefstem Herzen für dich erreichen? Kannst du es fühlen?
- Das Leben ist Entwicklung und Evolution. Das darfst du für dich nutzen. Wie wäre es also, deine Vision, das, was dich begeistert, in die gedachten Hände des Lebens zu legen und das Leben selbst für die Verwirklichung sorgen zu lassen? Es will sich durch dich entfalten, deshalb darfst du ihm deine Vision anvertrauen.

- 31 -

Mache dir selbst eine Liebeserklärung.

Wann hast du dir selbst das letzte Mal gesagt, dass du gern für dich da bist, dich gern um dich kümmerst, gern Zeit mit dir verbringst und dich selbst liebst? Womöglich ist es schon eine Weile her. Egal, von wem wir sie erhalten, eine Liebeserklärung erfüllt uns immer mit Freude. Deshalb darfst du, wenn du diese Karte ziehst, deine Zauberkraft nutzen und dich selbst glücklich machen. Schreibe dir selbst einen Liebesbrief. Erfülle dir einen Wunsch. Verbringe ungestörte Zeit nur mit dir. Schenke dir selbst deine Unterstützung bei etwas, was ansteht und dir guttut. Buche dir eine Wellnessmassage, und lasse dich achtsam berühren, oder massiere dich selbst liebevoll. Wie auch immer du dir selbst deine Liebe zeigst, es wird Zeit, das wieder einmal bewusst zu tun. Vielleicht kommst du dir komisch vor, wenn du dir selbst erklärst, wie wertvoll du für dich bist, und womöglich fühlt es sich ein wenig gekünstelt an. Vielleicht schämst du dich sogar und glaubst, du hättest es nicht verdient. Das darf so sein. Mache es trotzdem. Gerade deshalb. Keine Sorge, sich selbst zu lieben, übt sich.

- Wie zeigst du jemandem, dass du ihn liebst?
- Woran erkennst du selbst, dass dich jemand liebt?
- Wie könntest du dir selbst deine Liebe zeigen?
- Wenn du wüsstest, wie du dir deine Liebe zeigen kannst, was bräuchtest du noch, um es zu tun? Welcher wäre dein nächster Schritt?

-32-

Höre deinem Inneren Kind zu.

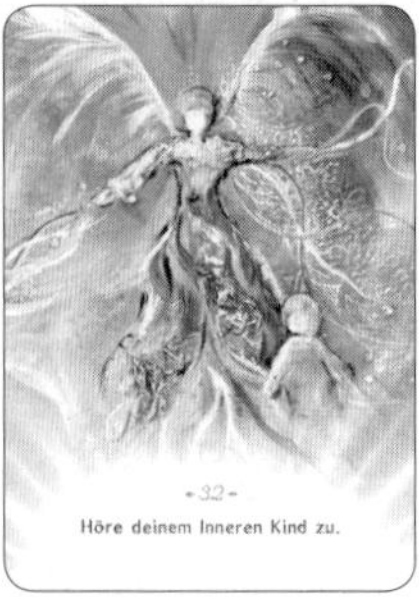

Etwas in dir quengelt, ist unglücklich, verletzt, überfordert oder gestresst. Du fühlst dich nicht gut, obwohl es im Außen womöglich gar keinen erkennbaren Anlass gibt. Dein Inneres Kind wird vielleicht an einen alten Schmerz erinnert und gibt dir auf diese Weise die Gelegenheit, ihn mithilfe eines Außenstehenden, eines Buches oder eines Kurses in die Heilung zu bringen. Wenn du diese Karte ziehst, kann es auch sein, dass du eine wunderbare Gelegenheit übersiehst, mehr Freude und Leichtigkeit in dein Leben zu bringen, weil du es nicht gewohnt bist, auf diese Art von Möglichkeiten zu achten. Du gehst zum Beispiel jeden Tag an einem Spielplatz vorbei und versäumst es, zu schaukeln, obwohl es dir guttäte, oder dein Inneres Kind wünscht sich ein Haustier, das dich glücklich machen würde. Das Innere Kind will dir in jedem Falle etwas sagen. Es hat im Moment eine andere Sicht der Dinge als du und möchte dir helfen.

- Angenommen, du weißt es: Wie könntest du mit deinem Inneren Kind in Kontakt treten? Möchtest du ihm während einer inneren Reise begegnen?
- Was könnte dir dein Inneres Kind sagen wollen?
- Wenn dir dein Inneres Kind einen Brief schreiben dürfte, was würde drinstehen?
- Könntest du es diesen Brief verfassen lassen, indem du dir Stift und Papier nimmst und unzensiert niederschreibst, was in dir auftaucht?
- Wie könntest du die Botschaften deines Inneren Kindes in deine Entscheidungen und Handlungen mit einfließen lassen und ihm Schutz bieten, wenn es ihn braucht?

~ 33 ~

Erkenne deine Meisterschaft in Bezug auf dein Leben an.

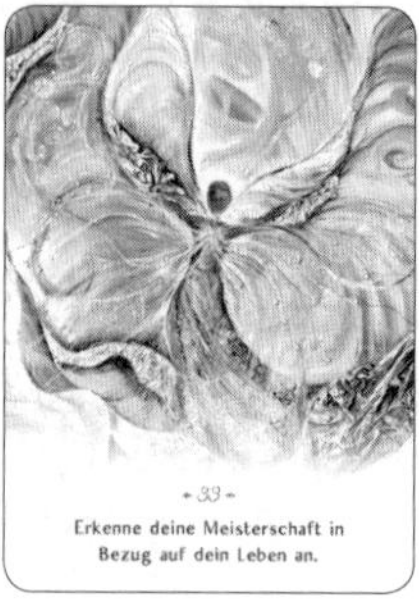

Fühlst du dich deinem Schicksal ausgeliefert und meinst, dass die Dinge nun einmal sind, wie sie sind, und sich das nicht ändern lässt? Wenn du diese Karte ziehst, dann kannst du diese Gedanken getrost hinter dir lassen. Wenn du lernst, dich selbst nicht mehr im Stich zu lassen, egal, was um dich herum passiert, gleich, was du fühlst und denkst, wirst du zum Meister/zur Meisterin deines Lebens. Erinnere dich daran, dass dein Leben eine Pilgerreise ist, während der du heranreifst und immer inniger mit dir selbst in Kontakt kommst. Es geht auf dieser Reise nur darum, dich selbst kennenzulernen. Das Ziel ist, dich selbst mit allem, was du bist, im Außen zu verwirklichen und nach und nach jede Maske abzulegen, die du trägst, um geliebt und anerkannt zu werden oder um wenigstens nicht in Gefahr zu geraten. Du bist hier, um dich so, wie du bist, in der

Welt zu zeigen und um das zu verwirklichen, was nur durch dich wahr werden kann. In einigen Bereichen deines Lebens hast du bereits Meisterschaft erlangt, in anderen bist du auf dem Weg dahin.

- Wie könntest du noch mehr mit dir selbst in Kontakt bleiben, auch dann, wenn es wehtut und du vor dir, deinen Gefühlen und deinen Wünschen flüchten willst?
- Wenn du wüsstest, dass du der Meister/die Meisterin deines Lebens bist, was würde sich dadurch ändern?
- Welche Freiheit wäre möglich, wenn du wüsstest, dass du deinen ureigenen Weg gehen darfst, sollst und auch musst, um dein Leben wahrhaft zu meistern?

~ 34 ~

Folge einmal nur dem, was du wirklich tun möchtest.

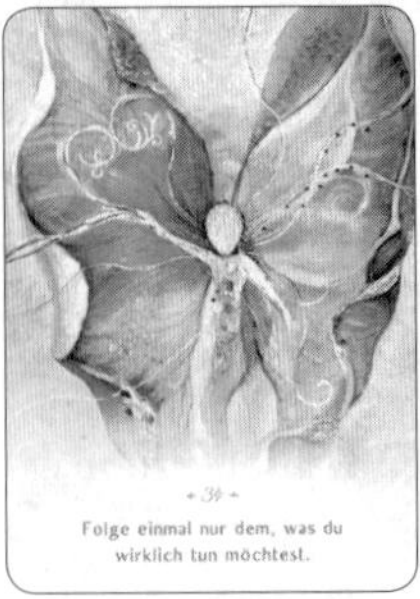

Selbstfürsorge bedeutet auch, dir Mühe für dich selbst zu machen. Das vorweg, denn es könnte sein, dass du Widerstand gegen die Botschaft der Karte entwickelst. Umso wichtiger ist es, dass du sie ernst nimmst. Nimm dir einen Tag, an dem du möglichst wenige Verpflichtungen hast, und folge so oft wie möglich deinen Impulsen. Wenn du schlafen willst, schlafe, wenn du lesen willst, lies, wenn du in die Natur gehen willst, dann tue das. Wir sind es so sehr gewohnt, das Folgen unserer guten Impulse auf irgendwann zu vertagen, weil wir aktuell keine Zeit haben, dass die Verknüpfung zwischen freudvollem, gesundem Impuls und Handlung im Gehirn brachliegt. Stattdessen ist die Verknüpfung zwischen Pflichterfüllung und Handlung sehr aktiv. Das erkennst du daran, dass du mit dir selbst nichts anzufangen weißt, wenn du wirklich einmal Zeit für dich hast. Trainiere also die Verbindung zwischen dem, was dich erfüllt und glücklich macht, und deiner tatsächlichen Handlung.

- Wie könntest du dir die Zeit nehmen, um einmal nur das zu tun, was du wirklich tun willst?
- Angenommen, es ist wichtig: Wie könntest du es dir erlauben, einmal nur nach dir zu schauen?
- Es könnte ein wenig Mühe bereiten, das, was du möchtest, in die Tat umzusetzen. Wie könntest du dich motivieren, es dennoch zu tun?
- Wenn du könntest, wie du wolltest, was würdest du dann endlich tun?
- Was bräuchtest du noch, um es dir zu ermöglichen?

- 35 -

Nimm deinen großen Lebenstraum ernst.

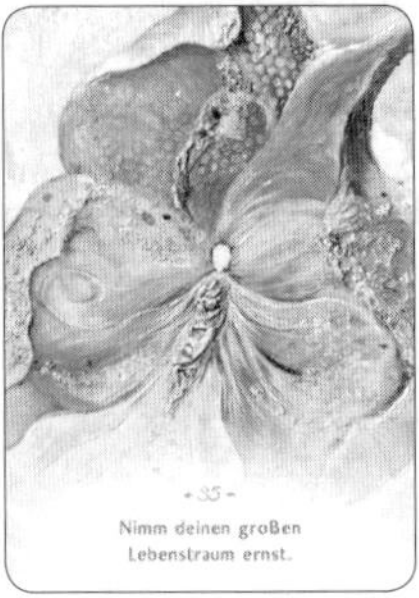

Die meisten von uns, die einen großen Lebenstraum hegen, verbannen ihn ins Reich der unerfüllten Träume. Wir sind scheinbar vernünftig und realistisch. Das Leben ist eben kein Zuckerschlecken, und nicht jeder kann machen, was er will, denken wir uns. Dabei geht es in Wahrheit um etwas völlig anderes: Einen Lebenstraum zu verwirklichen, ist eine immense Herausforderung. Wir könnten scheitern. Es könnte unbequem werden. Wir müssen eventuell neue Wege gehen, sogar Menschen enttäuschen oder zurücklassen. Wir müssen Verantwortung übernehmen, um aus dem Traum einen Plan und aus dem Plan eine Handlung werden zu lassen. Der Lebenstraum könnte entzaubert werden, wenn wir ihn in die Tat umsetzen, weil wir uns dann mit Dingen wie Baugenehmigungen, Steuergesetzen oder Auswanderungsbestimmungen herumschlagen müssen. Ja – und dennoch: Dein Traum will ernst genommen werden, sagt dir diese Karte.

- Was wäre in Bezug auf deinen Lebenstraum wirklich vernünftig?
- Wie könntest du dir selbst erlauben, deinen Traum erneut zu träumen, ihn zu fühlen und ihn als Möglichkeit zu begreifen?
- Gibt es Menschen, die einen ähnlichen Traum schon umgesetzt haben? Was könntest du von ihnen lernen?
- Welche Ressourcen stehen dir zur Verfügung, um deinen Lebenstraum Wirklichkeit werden zu lassen?
- Was brauchst du noch, um ihn zu realisieren, und wie könntest du es dir beschaffen? Wer oder was könnte dir dabei helfen?
- Wie könntest du dir deinen Traum schon heute zumindest teilweise erfüllen?

36

Suche bewusst die Verbindung zu deiner Seele.

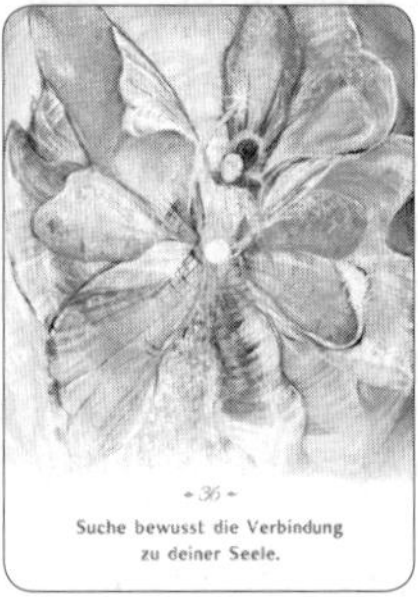

Es gibt eine Quelle des inneren Friedens, der inneren Führung und der Sinnhaftigkeit, aus der du noch mehr als bisher schöpfen darfst: deine Seele. Sie hat einen Plan, sie weiß, was sie auf der Erde erleben und fühlen will. Sie möchte sich selbst als der Mensch, der du bist, im Leben erfahren. Die Seele weiß, welchen Weg sie gehen will. Sich mit ihr zu verbinden, bringt dich in Frieden mit dem, was gerade in deinem Leben geschieht, weil du es verstehst und einordnen kannst. Es kann sehr hilfreich sein, dir ein Tagebuch zuzulegen und deine Seele zu bitten, darüber zu dir zu sprechen. Schreibe unzensiert auf, was du wahrnimmst, auch wenn es dir unlogisch erscheint oder du nur sehr vage Impulse bekommst. Eine klare Kommunikation zwischen dir und deiner Seele ist Übungssache. Auch eine Lichtsäule, in die du dich in deiner Vorstellung hineinstellst, kann dir gute Dienste leisten. Innerhalb dieser Lichtsäule kannst du sicher und geschützt vor Außenreizen mit deiner Seele kommunizieren.

- Wenn du mit deiner Seele reden könntest, was würdest du ihr sagen?
- Wenn du von der Bewusstseinsebene deiner Seele aus mit dir als Mensch sprechen könntest, welche Botschaft, Bitte oder tröstenden Worte hättest du für den Menschen, der du bist?
- Wie könntest du Mensch und Seele noch miteinander sprechen lassen? Könnte es dir helfen, zwei Stühle einander gegenüberzustellen und dir vorzustellen, dass auf dem einen du, auf dem anderen deine Seele sitzt?
- Wie wäre es, zwischen diesen Stühlen hin- und herzuwechseln und auf diese Weise ein Gespräch von Mensch zu Seele und Seele zu Mensch zu führen?

-37-

Tue etwas, was du noch nie getan hast, aber schon immer tun wolltest.

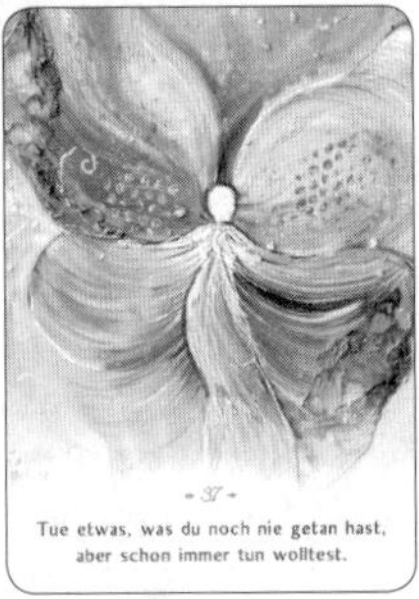

Unseren wilden, abenteuerlichen Impulsen zu folgen, schenkt uns das Gefühl, lebendig zu sein. Oft nehmen wir sie nicht ernst, sondern reden sie uns aus, weil wir uns schämen, kein Geld für uns selbst ausgeben wollen oder nie gelernt haben, dass diese Impulse kein Unsinn sind, sondern machtvolle Hinweise aus unserem Inneren. Um ihnen folgen zu können, dürfen wir vielleicht eine Angst überwinden, aufhören, es unseren Eltern recht zu machen, uns über ein Verbot aus der Kindheit hinwegsetzen oder sogar unser Selbstbild über den Haufen werfen. Du willst dir die Haare auffällig färben? Du willst dir ein Tattoo stechen lassen? Du willst einen Tandemsprung machen? Du willst nachts im Mondlicht tanzen? Mache es! Es ist dein Leben.

- Was könnte es sein, das du schon immer einmal gern tun wolltest, dich aber noch nie getraut hast?
- Was würde wohl geschehen, wenn du deinem Impuls folgen würdest?
- Welches Selbstbild müsstest du loslassen, um deinen Impulsen nach mehr Wildheit und Lebendigkeit nachzugehen?
- Was könnte geschehen, wenn du dieses Selbstbild loslassen und dir erlauben würdest, zu sein, wer du in Wahrheit bist?
- Wie könntest du anfangen, das in die Tat umzusetzen, was du schon immer tun wolltest, ohne dir selbst Druck zu machen?

~ 38 ~

Verwöhne deine Sinne mit Schönem.

Ist dir bewusst, wie wohltuend und entspannend es ist, wenn du dich dem angenehmen Erleben durch die Sinne hingibst? Der Duft einer Rose, das Gefühl von Seide oder Moos auf der Haut, das Streicheln eines Tieres, ein köstliches Mahl, ein wunderschöner Ausblick, ein wohliges Schaumbad, eine Massage, angenehme Musik, eine liebevolle Umarmung, ein erotischer Austausch mit einem vertrauten Menschen … – es gibt so viele Möglichkeiten, die Sinne zu verwöhnen. Nimmst du dir genügend Zeit, deine Sinnlichkeit auszukosten und zu genießen? Deine Sinne verbinden dich mit der Außenwelt. Wenn du jedoch zu viel Störendes und Unangenehmes wahrnimmst – egal, ob es etwas ist, was du siehst, hörst, schmeckst, riechst oder fühlst –, dann verschließen sie sich. Es ist, als würdest du einen dichten Vorhang vor einem offenstehenden Fenster zuziehen. Lasse deine Sinne wieder das Tor für deinen Genuss sein.

- Welchen Genuss könntest du dir selbst heute bereiten?
- Wenn du dich in deinem Alltag umschaust, was stört deine Sinne, und wie könntest du es ändern?
- Ist dir bewusst, wie viel mehr Lebensfreude du fühlen könntest, wenn du deinen Sinnen Wohltuendes schenken würdest?
- Wie könntest du dein Wohlbefinden noch steigern? Vielleicht durch Farben, Düfte, Berührungen, angenehme Geräusche oder Stille?

39

Lasse dich von deiner höheren Führung inspirieren.

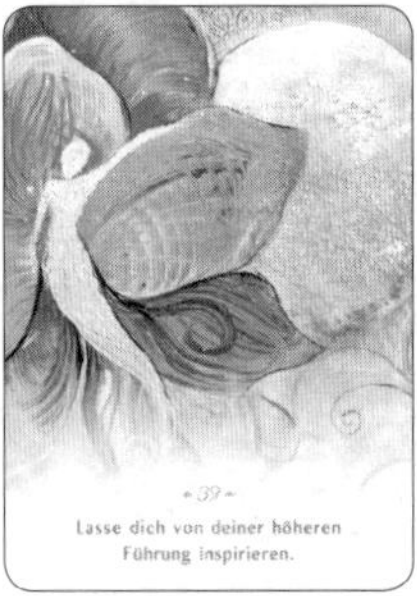

Was ist diese höhere Führung? Es kann deine Seele sein, Gott, wenn du gläubig bist, die Kraft der Natur oder einfach dein Bauchgefühl. Es kann die Weisheit deines Herzens sein oder dein Höheres Selbst. Alle wahrhaft erfolgreichen Menschen wissen, dass sie ihre Schöpferkraft und ihre Impulse aus einer universalen Quelle erhalten, gleich, wie sie sie nennen. Eine für sie passende Meditationstechnik auszuüben, gehört für glückliche und erfolgreiche Menschen zum Alltag, und es ist klug, von ihnen zu lernen. Nimm dir bewusst Zeit für ein Zwiegespräch mit der Quelle deiner Intuition und deiner Inspiration. Bestimmt hast du schon einmal erlebt, wie erhebend, belebend und zugleich beruhigend es ist, wenn dich eine höhere Weisheit berührt und dir Impulse gibt. Ziehst du diese Karte, dann wird es Zeit, dich dieser höheren Weisheit wieder oder noch mehr als sonst hinzugeben.

- Ob das Meditieren, das Schreiben, die Stille, ein Spaziergang oder etwas anderes: Welche Form der inneren Einkehr täte dir gut?
- Wenn du nichts falsch machen könntest, wie würdest du dann am liebsten mit deiner höheren Führung in Kontakt treten?
- Wenn es ein natürlicher Zustand wäre, mit deiner höheren Führung in liebevollem und beständigem Kontakt zu sein, wie könntest du diese Verbindung noch mehr pflegen?
- Wie könntest du dir ungestörte Zeit verschaffen, um mit deiner höheren Führung, die ein Teil von dir ist, noch intensiver in Kontakt zu sein?

40

Umsorge ein Tier oder eine Pflanze.

Das ist doch einmal ein toller Rat, oder? Als würdest du nicht sowieso ständig für andere sorgen. Du hättest diese Karte aber nicht gezogen, wenn sie nicht passen würde, denn hier geht es nicht darum, dass du dich noch mehr für andere Menschen aufopfern sollst, sondern um etwas anderes. Ihrer Botschaft zu folgen, gibt dir die Kraft, dem Leben liebevoll zu dienen, einfach nur, weil du es kannst. Gieße ein Stückchen schon fast vertrocknetes Moos, oder stelle den Vögeln etwas zu trinken auf den Balkon. Warum? Weil sie, Moos und Vögel, es begrüßen. Sie hadern nicht, sie nutzen dich nicht aus, sondern du hilfst ihnen, und sie nehmen deine Hilfe an. Halte es einfach, und tue das, was du bemerkst. Du fühlst dich besser, wenn du erkennst, dass du dem Leben auf leichte Weise etwas geben kannst. Du wirst dadurch achtsamer und spürst die Verbundenheit mit der Natur und damit mit dem Leben selbst. Und nein, du musst nicht die Welt retten. Du darfst am Leben teilnehmen, indem du Fürsorge praktizierst.

- Wie könntest du Fürsorge praktizieren, die dich und das, was du versorgst, gleichermaßen nährt?
- Wie könntest du aufhören, über Gebühr für andere da zu sein, und stattdessen an der Stelle helfen, an der deine Hilfe auch angenommen wird?
- Wie könntest du achtsamer durch den Tag gehen, um zu erkennen, wo deine Hilfe gebraucht wird, damit du dich wieder als Teil des großen Lebenskreislaufs fühlst?

Über die Autorin

© Andrea Kowitz-Vierheller

Susanne Hühn ist ganzheitliche Physiotherapeutin, Seminarleiterin und bekannte Ratgeberautorin. Ihre Schwerpunkte sind das Innere Kind sowie das Lehren emotionaler Intelligenz und innerer Freiheit. Bewusst angewandtes Selbstmitgefühl bildet das wichtigste Element ihrer Methode, über die sie zahlreiche Bücher geschrieben hat. Ihr Wissen vermittelt sie zudem in Vorträgen und Seminaren im In- und Ausland sowie in Online-Seminaren.

www.susannehuehn.de

Über die Künstlerin

Heike Hild bringt ihre Faszination für Farben seit 2007 kraftvoll in ihrer Kunst zum Ausdruck. Zu ihren Lieblingsmotiven gehören Engel und andere zauberhafte Wesen wie Feen, Mond- und Wasserfrauen sowie Göttinnen. Mit ihren Werken möchte Heike Hild den Augenblick bunter machen, die Magie im Leben wiedererwecken und die Menschen ermutigen, so zu sein, wie sie wirklich sind.

www.heike-hild.de

Danke für deine **REZENSION**
– Gemeinsam sind wir mehr –

Liebe Leserin, lieber Leser,
von Herzen danken wir dir, dass du dieses Kartenset in den Händen hältst. Das bedeutet uns, dem Schirner Verlag und seinen Autoren, sehr viel. Aus voller Überzeugung und mit Hingabe widmen wir uns seit vielen Jahren Themen, die unser aller Lebensqualität und Bewusstwerdung dienlich sind, und hoffen, einen Beitrag für eine lichtvollere Welt leisten zu können. Wenn dir unsere Arbeit gefällt, möchten wir dich bitten, dir einige Minuten Zeit zu nehmen, um dieses Werk zu rezensieren. Warum? Die meisten Menschen lesen Rezensionen, bevor sie ein Buch oder ein Kartenset kaufen, da sie hierdurch einen Eindruck bekommen, ob und wie der Inhalt den Leser erreicht hat. Eine kurze Rezension ist dabei ebenso hilfreich wie eine lange, sehr ausführliche. Um es auf den Punkt zu bringen:

Eine Rezension ist heutzutage die beste Werbung für ein Autorenwerk!

Wenn du den Schirner Verlag und seine Autoren neben dem Buchkauf auch anderweitig unterstützen willst, dann bitten wir dich: Schreibe für jedes Werk eine Rezension – vielleicht als persönliche Leseempfehlung für die Buchhandlung in deiner Nähe oder online, z.B. beim Schirner

Verlag. Das wäre nicht nur eine Wertschätzung für die Autoren, sondern kann dazu beitragen, dass die Verkaufszahlen steigen und der Schirner Verlag auch in herausfordernden Zeiten Bestand hat.

WIE SCHREIBT MAN EINE REZENSION?

Grundsätzlich sollte eine Rezension aus der eigenen, subjektiven Sicht geschrieben werden, da es sich um eine persönliche Meinung handelt. Du kannst in zwei Sätzen deine Gedanken zu dem Werk äußern oder eine längere Rezension verfassen. Falls du nicht weißt, wie du beginnen sollst, hier ein paar Anregungen:

- War der Text leicht verständlich geschrieben? Wie hat dir die Sprache gefallen? Wie empfandest du die Aufteilung der verschiedenen Themen?
- War es unterhaltsam? War es deiner Meinung nach mit Herzblut und Liebe geschrieben? Wie hat es auf dich gewirkt?
- Hat es dein Herz berührt? Konntest du dich wiederfinden?
- War es tief greifend genug? Hast du viel Neues gelernt?
- Hat es gehalten, was der Titel und die Beschreibung versprochen haben? Hat es deine Erwartungen erfüllt?
- Was macht das Kartenset besonders? Warum sticht es heraus im Vergleich zu anderen, die ein ähnliches Thema behandeln?
- Würdest du das Werk weiterempfehlen oder verschenken?

Dankeschön

lesen, fliegen, landen
Schirner Verlag

Sei gut zu dir

Susanne Hühn &
Mo Moberg
Emotionaler Schutz
Die besten Tipps, wie du deine Seele schützt und zu innerer Stärke findest

ISBN 978-3-8434-1414-2
176 Seiten

Susanne Hühn
Mein Moment der Stille
Fantasiereisen zum Abschalten und Krafttanken

ISBN 978-3-8434-1514-9
144 Seiten

Schirner Verlag